ESCREVER É HUMANO

SÉRGIO RODRIGUES

Escrever é humano
Como dar vida à sua escrita em tempo de robôs

1ª reimpressão

Copyright © 2025 by Sérgio Rodrigues

Grafia atualizada segundo o Acordo Ortográfico da Língua Portuguesa de 1990, que entrou em vigor no Brasil em 2009.

Capa
Elisa von Randow

Imagem da p. 30
Peanuts, Charles Schulz © 1960 Peanuts Worldwide LLC/ Distribuído por Andrews McMeel Syndication

Preparação
Tatiana Custódio

Checagem
Érico Melo

Revisão
Ana Maria Barbosa
Valquíria Della Pozza

Dados Internacionais de Catalogação na Publicação (CIP)
(Câmara Brasileira do Livro, SP, Brasil)

Rodrigues, Sérgio
   Escrever é humano : Como dar vida à sua escrita em tempo de robôs / Sérgio Rodrigues. — 1ª ed. — São Paulo : Companhia das Letras, 2025.

   ISBN 978-85-359-4167-8

   1. Arte de escrever 2. Criação (literária, artística etc.) 3. Escritores 4. Teoria literária I. Título.

25-269138   CDD-808.02

Índice para catálogo sistemático:
1. Arte de escrever   808.02

Cibele Maria Dias – Bibliotecária – CRB-8/9427

Todos os direitos desta edição reservados à
EDITORA SCHWARCZ S.A.
Rua Bandeira Paulista, 702, cj. 32
04532-002 — São Paulo — SP
Telefone: (11) 3707-3500
www.companhiadasletras.com.br
www.blogdacompanhia.com.br
facebook.com/companhiadasletras
instagram.com/companhiadasletras
x.com/cialetras

*para a Tati,
doula amorosa deste livro*

Existe então um mundo assim
sobre o qual exerço um destino independente?
Um tempo que enlaço com correntes de signos?
Uma existência perene por meu comando?

A alegria da escrita.
O poder de preservar.
A vingança da mão mortal.
Wisława Szymborska

Sumário

Prefácio fácil 11

1. Viva a literatura, morra o clichê! 23
2. E a sua vida com isso? 55
3. Uma voz no mundo 86
4. Uma palavra depois da outra 115
5. A história e a página 134

Epílogo — Aqui só entra quem vai morrer 167
Agradecimentos 191
Referências bibliográficas 193

Prefácio fácil

Existem três regras para escrever ficção.
Infelizmente, ninguém sabe quais são elas.
W. Somerset Maugham

Eu vinha planejando havia anos escrever um livro sobre escrever, em especial sobre escrever prosa de ficção, mas sempre adiava o projeto. Não bastasse um gosto acentuado pela metalinguagem, coisa que nenhum livro meu deixa de denunciar, posso afirmar que me atraía na ideia certo sentido de dever — o de compartilhar algo que aprendi e, como está na moda dizer, devolver à sociedade o que recebi dela. Bem, tinha isso também; mas acho que tinha principalmente o acerto de contas com a minha própria história.

Coisa de quem olha para trás e vê com alguma surpresa um longo caminho percorrido: no instante em que digito estas palavras tenho 62 anos, o que dá com bastante folga para me distanciar do bloco dos jovens (embora até os cinquenta e tantos eu tenha sido chamado assim, representante da "nova literatura brasileira", por repórteres mais sem-noção).

Escrever foi a única coisa que aprendi a fazer de verdade na vida. Aos catorze, tendo desistido alguns anos antes de ser astronauta, decidi que seria escritor (reparem na contiguidade dos ofícios); aos dezoito entrei numa faculdade de jornalismo; aos vinte comecei a trabalhar e, desde então, nunca vi um tostão que não fosse em troca de texto — a princípio apenas jornalístico, anos depois literário também. Não fiquei rico, nem nunca foi essa a ideia. A ideia era só cumprir aquele plano adolescente.

Então há, sim, uma razão "social" e até educativa para escrever este livro, mas também outra, pessoal: parar para pensar a sério em como foi que aprendi algumas coisas sobre um ofício misterioso e meio lotérico que, como disse Marguerite Duras a respeito do livro a ser escrito, "é o desconhecido, é a noite, é fechado". Quem sabe conseguiria juntar ideias que ajudassem outras pessoas a encontrar seus caminhos na escuridão? De forma menos sistemática, é um movimento que eu tinha começado a fazer em meu blog Todoprosa (todoprosa.com.br), renovado entre 2006 e 2016, de onde saíram alguns embriões dos ensaios a seguir.

No entanto, a decisão de escrever um guia ou manual de escrita literária — embora ambos os nomes, aviso logo, soem bem impróprios para este livro — está longe de ser fácil. Antes de escrever o dele, Stephen King se perguntou: "O que me levava a acreditar que tivesse algo de valor a dizer?". Se um dos maiores vendedores de livros da história foi assolado por tal dúvida, imagine o resto de nós.

Além da presunção inseparável de uma iniciativa do gênero (por que você acha que tem algo a acrescentar à biblioteca metalinguística que produziram, sobretudo nos últimos dois séculos, algumas das maiores escritoras e escritores do mundo?), há o problema básico de que não se pode realmente ensinar ninguém a escrever boa ficção. É possível dar toques, apontar vacilos comuns, comentar macetes promissores. Mas o fato é que cada pessoa precisa aprender sozinha, e os caminhos são tão irrepetíveis quanto as impressões digitais.

Enquanto cada um trata de desbravar o seu, o melhor que se pode fazer é conversar sobre isso, tentando traduzir em signos compartilháveis a solidão e o silêncio que estão no miolo do ofício. Conversar sobre o que disseram funcionar e não funcionar em seu caso, por exemplo, Gustave Flaubert e Clarice Lispector, entre muitos outros nomes convocados a dar seus pitacos nas páginas seguintes.

Sim, nessa galeria vou me incluir também, e em posição de destaque, mas juro que menos por imodéstia que por necessidade. Este livro não existiria se eu não tivesse concluído que, sendo único o caminho de cada pessoa no mundo das letras, o relato sincero da minha própria experiência — aqui e ali à beira do sincericídio — é o que de mais honesto eu poderia oferecer. Desse modo, o que devia ser guia, palavrinha enganadora, ficou mais parecido com uma coleção de ensaios pontuados por toques autobiográficos, memórias de um percurso profissional de erros e acertos.

Mesmo assim, talvez o plano deste livro jamais tivesse ido adiante sem a intervenção de outro fator — este independente da minha vontade e inteiramente inesperado — que acabou por tornar urgente o que até então era desejo morno. Como na maioria das boas histórias, foi preciso aparecer uma crise de verdade para pôr tudo em movimento. Meu projeto de livro sobre escrita vinha sendo tocado sem pressa, como se tivéssemos todo o tempo do mundo, mas de repente o tempo se esgotou: a única coisa que aprendi a fazer na vida passou a ser feita com desenvoltura impressionante por um robô.

* * *

A virada de 2022-3 tem tudo para ficar na história como um divisor de eras: o momento em que o sucesso popular do ChatGPT, um modelo de inteligência artificial (IA) generativa, alertou a humanidade para o fato nada trivial de que agora era possível gerar automaticamente em meio segundo um lero-lero não só aceitável como — o que é bem embaraçoso — melhor que o da imensa maioria dos escribas humanos: mais correto gramaticalmente, mais preciso semanticamente, mais claro, mais coeso, com mais ritmo.

É impossível exagerar o impacto desse acontecimento. Apesar de estarem no início do seu aprendizado, os modelos de inteligência generativa, com sua reprodução artificial da linguagem humana escrita, já começaram a fazer pelas habilidades da espécie nessa área o mesmo que a calculadora eletrônica fez por nossa capacidade de executar as quatro operações, e a memória dos celulares pela decoreba de telefones de amigos e parentes. Conheço pessoas — inclusive algumas que eu chamaria de intelectuais — que, imediata e alegremente, passaram a terceirizar para a IA a redação de e-mails de trabalho e outros gêneros textuais do dia a dia.

Embora ainda sejam, em grande medida, imprevisíveis as consequências das aplicações da IA sobre a vida em sociedade, a tendência nesse caso é que em poucos anos ninguém precise escrever mais nada se não quiser. Isso parece inevitável; por deriva cultural e insuficiência educacional, multidões já vinham se divorciando da aptidão da escrita antes mesmo de surgir um substituto. Bastará dominar alguns *prompts*, modos de instruir a máquina, e pronto: o imenso fardo de encaixar uma palavra depois da outra, que já foi chamado com felicidade de "o trabalho braçal da mente", terá sido tirado das costas da nossa espécie depois de alguns milhares de anos.

Pensando na pessoa que perdeu tudo ao investir suas economias numa fábrica de filmes em plena aurora da fotografia digital, alguém poderá questionar se esta é uma boa hora para lançar um livro sobre escrita humana. Sim, é a melhor que consigo imaginar. O robô me deu um norte, um foco. Como observa a pesquisadora brasileira Lucia Santaella, a IA "está nos ensinando que a mente humana é muito mais rica, e muito mais sutil, do que se supunha" — e eu acrescento que pode nos ensinar também a concentrar esforços naquilo que, com nossos cérebros de carbono sujeitos a dores de cabeça, falhas de memória e todo tipo de distração, só nós sabemos fazer.

Não é pouca coisa. No caso que nos interessa de perto aqui, arte verdadeira com palavras é algo que a máquina definitivamente não faz nem tem perspectivas realistas de fazer tão cedo — ou mesmo, o que talvez seja mais provável, jamais.

Em vez de bater no peito e cantar vitória como primatas peludos, atirando para o alto exemplares de romances até que um deles vire uma nave espacial, parece mais inteligente tomar as limitações do robô escritor como pistas de caminhos para nos aprofundarmos naquilo que, nesse trabalho, é intransferivelmente humano. Com alguma sorte vamos encontrar um caroço literário irredutível sob a polpa gordurosa da linguagem automatizada, tanto a robótica quanto a orgânica, que acolchoa com grossas camadas de utilitarismo, conformismo, redundância e tédio a superfície social da experiência humana.

Este é, em primeiro lugar, um livro para todo mundo que tem paixão por ler romances e contos e, mesmo pouco ou nada interessado em escrever suas próprias histórias, sente curiosidade pelas engrenagens que põem em movimento a imaginação leitora, coautora de toda a literatura jamais escrita. Claro que o público mais restrito, aquele que se concentra em torno do centro do alvo, é formado por quem já dedica faz tempo, começa a dedicar ou flerta com a ideia de dedicar à escrita de literatura (em especial de ficção) um naco da sua energia vital — e gostaria de ter um papo franco sobre isso.

Pode ser que nosso nicho, que já não era nenhum latifúndio, se torne cada vez mais estreito. Uma comunidade excêntrica que teima em fazer com as próprias mãos um trabalho terceirizado às máquinas por quase todos; seita de cultivadores e consumidores de produtos orgânicos num mundo maciçamente industrializado.

Tem tudo para continuar a ser divertido, talvez até mais do que nunca. A literatura sempre teve vocação para a dissidência.

Como toda boa piada, a epígrafe que escolhi para este "Prefácio fácil" diz mais do que parece com sua mistura de afirmação precisa das "regras para escrever ficção" (existem, sim, e são três!) e imediata negação delas (aquilo que ninguém conhece existirá mesmo?). A tirada do escritor britânico William Somerset Maugham, morto em 1965 e inteiramente fora de moda, pode ser meio batida, mas é eficaz para desiludir quem busca receitas de bolo, passo a passo, faça-isso, nem-pense-em-fazer-aquilo. Essas coisas não existem, nem na literatura nem na arte em geral. No entanto...

É fundamental partir da ideia de liberdade absoluta, mas ela é só o começo da caminhada. Tudo é possível — a princípio. Quando se propõe a brincar com as palavras de modo interessante em si mesmo, sem o lastro de uma informação predefinida que deva ser *comunicada*, cada um está naquele proverbial mato sem cachorro. Com as mãos nuas, precisa abrir a própria picada na vegetação densa. Diz o filósofo francês Maurice Merleau-Ponty que "como o tecelão, o escritor trabalha pelo avesso: lida apenas com a linguagem, e é assim que de repente se encontra rodeado de sentido".

Sempre achei difícil escrever. Quer dizer, comecei a escrever porque era fácil, puro prazer e alegria, mas à medida que os anos iam passando, quanto mais eu escrevia, menos satisfeito ficava com o que conseguia escrever. É que a decisão de levar a sério o ofício de ficcionista (repare que não falei de profissão, que é outra coisa, embora haja quem consiga conciliar ambos) desdobra uma nova dimensão de dificuldades sobre a escrivaninha.

Reconhecer que não existem regras fixas para escrever é muito diferente de dizer que vale qualquer nota. Não vale: a maioria das notas tende a soar desafinada — estridente, chocha ou falsa. Bom, pelo menos foi assim comigo: a falsidade das palavras que eu lançava no papel e mais tarde na tela começou a me repugnar de modo intenso. O que era aquilo que eu chamava de falsidade? Talvez fosse melhor falar em ausência de vida. Estava tudo ordenado na página, "bem escrito" — e bastante reescrito —, mas as palavras eram mortas, quando muito mortas-vivas.

Tentei a poesia e não melhorou — pelo contrário. Começou a ficar chato: ou eu dava um jeito de obrigar as palavras que escrevia a soarem verdadeiras ou seria melhor desistir. Mas como fazer isso se eu não sabia sequer o que queria dizer com aquele diagnóstico de falsidade? Que tipo de verdade eu perseguia? Sim, é claro que tentei, seguindo um conselho famoso, "escrever sobre o que conhecia bem" — aquilo em que tinha experiência. Não era por aí. O problema parecia estar na própria página: cada palavra soava falsa em si, ostentava uma mentira vertical desde o momento em que tocava o papel e antes de orquestrar com as demais aquela outra falsidade maior, horizontal, conjunta.

O impasse durou bastante, de meados dos meus vinte anos até depois dos trinta. Demorou a me ocorrer o que é bem óbvio (mas o óbvio tem muitas vezes a vocação da compreensão tardia): que "soar verdadeiro" é diferente de carregar algum tipo de verdade no sentido filosófico; que a verdade da literatura conversa com a verdade da filosofia e da ciência, nem poderia ser diferente, mas trata-se de entidades inteiramente distintas. A verdade literária é uma encenação projetada mais sobre terreno sensorial, moral e afetivo do que racional, embora fosse pela via do intelecto que eu tivesse de abrir caminho até ela. Foi quando começou meu aprendizado para valer.

A esperança de que a minha experiência possa ser útil a outras pessoas me levou a examinar em retrospecto o que precisei aprender para deixar de escrever ficção ruim — jornada cumprida aos trancos, sem oficina e a princípio sem possibilidade de publicação além do mimeógrafo e do mural da faculdade; e, para complicar tudo, com uma alarmante falta de disciplina. Enquanto tento pôr ordem no que a memória consegue recuperar da história, percebo padrões. Sobretudo este: que a superação de quase todas as dificuldades que enfrentei e enfrento para chegar a um texto ficcional decente está relacionada a uma propensão do ofício a se deixar pensar em termos de opostos, pares como o que, no parágrafo anterior, opõe — e termina por fundir — afeto a intelecto. Dessa vocação para o oxímoro derivo uma espécie de "método de escrita" que, mesmo pessoal, acredito ter utilidade para outras pessoas — nem que seja só como material de reflexão.

Entre os pares de opostos que a literatura nos desafia a fundir, o mais importante é composto por duas palavras gastas, mas ainda funcionais: forma e conteúdo. Entender que, na ficção, *o que* se diz e *o como* se diz são uma só coisa está longe de ser intuitivo, mas é fundamental. Se o escritor não encontrar uma forma adequada de expressão artística, as mais dolorosas verdades autobiográficas que trouxer para a página terão pouco valor. Se a encontrar, mesmo a aparente banalidade do voo de uma borboleta amarela pode se transformar em obra-prima.

Aqui estamos abaixo das intenções autorais, dos gêneros textuais, do estilo, dos temas, da "mensagem" política ou moral, das tão invocadas — e negadas — "questões de gosto". Tudo isso vai ser fundamental, mas tudo isso são coisas que você precisará levar de casa para a festa. Aqui estamos no chão do texto, entre palavras que se dão as mãos, que é onde para começo de conversa — e no fim das contas — se diferencia a boa da má escrita.

Ah, estava demorando! Boa escrita, diz o cara. E isso lá existe? Ô, se existe. Mas quem diz o que ela é, quem separa a boa da má escrita? O leitor, ora. Ou a leitora, como é mais justo dizer, sendo as mulheres a imensa maioria de quem lê ficção no Brasil e no mundo. Boa escrita é aquela que a leitora escolada em muitas horas de voo tem vontade de continuar lendo. Má escrita é a que ela abandona depois de algumas páginas para nunca mais voltar — ou continua a ler por obrigação, a contragosto.

Discricionária, tirana? Sem dúvida. É dela, leitora, o poder de vida (leitura) e de morte (silêncio) sobre o texto. Sendo uma entidade coletiva, difusa e amorfa, um coro descontínuo que se perpetua e se renova há milênios, dela é possível dizer tudo, menos que não exista — e portanto que não existam seus juízos sobre escrita boa e escrita ruim. O que está longe de significar a glorificação do sucesso comercial: há leitoras de todo tipo, e para os objetivos de certos textos bastam umas poucas.

O fato é que qualquer história que decidirmos escrever precisará, para existir, ser escrita *na* história — inscrita, mesmo que a contrapelo, na vasta tapeçaria milenar da leitura humana. Quem afirma que isso de bom e ruim é só uma farsa interessada, um complô político-ideológico para cassar a voz dos excluídos, provavelmente leu pouco.

Se não vale tudo, vale tudo aquilo que você conseguir fazer funcionar na página — critério que acaba por se revelar mais escorregadio do que gostaríamos de admitir. Nem poderia ser diferente, uma vez que estamos na mata virgem da linguagem que se dobra sobre si mesma. Claro que há em tudo isso um componente lotérico também, a necessidade de fazer determinadas apostas num tabuleiro estético — e histórico — que tem algo de jogo de azar. Mas há principalmente persistência, a teimosa decisão de não desistir — e essa é a parte mais importante, aquela que ninguém pode ensinar. O resto é trabalho, e a ele é dedicado este livro.

O primeiro capítulo, "Viva a literatura, morra o clichê!", propõe uma profissão de fé inspirada (negativamente) pelo robô: a literatura entendida em seu fundamento como o contrário do lugar-comum. O oposto da confirmação do já sabido e de todos os automatismos, do kitsch e da recombinação infinita de um repertório dado, da ausência de risco e do pensamento de manada — enfim, do limo de banalidade que toda linguagem tende a acumular em suas reentrâncias e que, na comunicação digital, se acumula em velocidade cada vez maior, chegando no caso da IA a abarcar a totalidade do mundo exprimível. O contrário do clichê é aquilo que se descobre ao escrever.

"E a sua vida com isso?", o segundo capítulo, trata de aspectos do ofício que, embora costumem ser deixados de lado nas oficinas de escrita criativa, são decisivos para quem resolve levar esse trabalho a sério. Se escrever é humano, não podemos ignorar as dimensões ligadas ao lado prático da existência e aos jogos simbólicos de imagem e autoimagem que cercam o mundo dos escritores — tanto os aspectos íntimos, relativos ao impacto da escrita sobre a vida de quem escreve, quanto os sociais, com sua carga ética e política. Nenhum robô precisaria se preocupar com isso; gente precisa. Citando Allen Ginsberg, "eu vi as melhores mentes da minha geração" quebrarem a cara justamente aí, na etapa de montar uma fórmula pessoal em que arte e vida se equilibrem, sem uma atravancar a outra.

E assim chegamos ao terceiro capítulo, "Uma voz no mundo",

dedicado à busca da famigerada voz própria, também chamada de estilo — assinatura autoral codificada na prosa. Os capítulos 2 e 3 devem muito às conversas com os alunos do meu curso "Escrever, como e por quê: uma DR com os mestres", que teve uma série de edições em formato remoto na escola paulistana Escrevedeira, nos anos pandêmicos de 2020 a 2022.

"Uma palavra depois da outra", o quarto capítulo, fala da matéria-prima básica da escrita, discutindo questões que se revelam mais polêmicas do que parecem à primeira vista — concisão, precisão, clareza, ritmo etc. — e chegando ao mundo um tanto negligenciado, mas crucial, dos pontos, vírgulas, travessões, parágrafos.

O quinto capítulo, intitulado "A história e a página", discute diferentes processos de escrita e os elementos fundamentais da arte de contar histórias — voz narrativa, trama, personagens. Nele, como no quarto capítulo, cobre-se terreno mais batido por manuais, mas à moda da casa, tendo sempre como guia o programa antiautomatismo que o robô nos deu.

Por fim, "Aqui só entra quem vai morrer" encerra o livro com uma reflexão sobre o que torna a IA incapaz — pelo menos em seus estágios atual e previsível de desenvolvimento — de gerar o mais pálido arremedo de algo com valor literário, por mais que na superfície seja prodigioso seu domínio textual.

Atravessando tudo, o fio do "escrever é humano" confirma a cada passo, desde o nível imediato da frase até o do arco amplo da história, que estamos falando de um trabalho que só pode ser artesanal, ou então não será nada. Modos de aprofundar essa artesania e tirar dela o máximo de verdade são as apostas deste livro para fazer brilhar nossa escrita em tempo de robôs — isto é, hoje e para sempre.

1. Viva a literatura, morra o clichê!

Era uma noite escura e tempestuosa.
Edward Bulwer-Lytton

Era uma noite escura e tempestuosa.
Snoopy

Toda linguagem é em sua maior parte redundância, repetição, reiteração, repisar de terreno batido. A comunicação humana seria impossível se não fosse assim. Dá para ir além e afirmar que a própria linguagem, sem a redundância, seria tudo menos linguagem — um conjunto enigmático de grunhidos, rabiscos, ruído puro. É na dimensão social dos sentidos compartilhados que a linguagem se funda. A redundância é sua mãe.

É redundante chamar uma cadeira de "cadeira", palavra que a língua portuguesa foi buscar no latim *cathedra*, e este por sua vez no grego *kathédra*, para nomear aquele objeto de quatro pés — e provido de encosto, senão vira banco — concebido para acomodar um ser humano sentado. Já ouvimos incontáveis vezes a cadeira ser chamada de "cadeira", tantas que a arbitrariedade desse signo (não há nada na palavra em si que remeta ao objeto, trata-se de uma associação analógica) se perdeu faz tempo, afogada em tautologia: cadeira é cadeira.

Quando chamamos a cadeira assim, não podíamos estar mais distantes da ideia de originalidade — e daí? Parece haver apenas vantagens na troca da novidade pelo conforto morno do pertencimento a algo maior, pela dissolução do eu num sistema linguístico que já existia quando nascemos e que continuará existindo após a nossa morte. O lugar-comum nos canta uma canção de ninar; a redundância é uma forma de gozo.

Se a redundância é a mãe da linguagem, sua tendência a se tornar uma supermãe do tipo controlador, que tenta abarcar com seu amor sufocante todas as dimensões da vida, requer cuidado. Em certo momento o lugar-comum que cantarola ao lado do berço começa a ganhar ares sombrios, até sinistros. Mais um pouco e o que se vê é um clichê visguento e vicioso, pastor de manadas, inimigo do pensamento, assassino da inteligência. Expressão automática. Burrice. Tédio.

Na linguagem, como na vida familiar, existe a hora crítica de sair de casa e se arriscar no mundo. A redundância que lhe permitiu existir estará sempre presente, é algo constitutivo, mas seu valor passa a ser medido pelas margens em que ela consegue fugir do já sabido e arranhar o novo — um dado desconhecido e revelador, um sutil rearranjo de peças, um olhar original que muda percepções arraigadas, um arrepio.

Na teoria da informação, esta será tão mais valiosa quanto menor for sua taxa de redundância, ou seja, quanto maior a imprevisibilidade. Os sites informativos não noticiam que hoje o sol nasceu porque o sol sempre nasce (cadeira é cadeira), mas dão grande destaque a quedas de avião. A literatura, que tem sua matéria-prima mais na linguagem do que nos fatos, é mais complicada, mas se assemelha neste ponto ao jornalismo: se não trouxer alguma medida de novidade, não terá valor algum.

O que torna mais difícil o trabalho literário é o fato de que ele se funda antes de mais nada na própria linguagem. Isso consegue ser ao mesmo tempo uma obviedade e uma espécie de segredo de quem escreve. Na quase totalidade das vezes, é com o dito *conteúdo* das histórias que a leitora estabelece relações intelectuais e afetivas. É também em torno dele, de maneira quase exclusiva, que gira o discurso sobre literatura que se lê em resenhas, reportagens e entrevistas, nos poucos espaços dedicados a isso que restam na imprensa tradicional e nos infinitos espaços virtuais abertos nos últimos anos.

Sim, é claro que o tema é relevante. O grau de dramaticidade do dilema do personagem principal, o fundo social e histórico em que a trama se desenrola, as leituras políticas do texto — tudo é muito relevante. Dito isso, qualquer história é em primeiro lugar artifício: é só por meio dele, fundado na forma, que o conteúdo pode existir. Na verdade, é ainda mais intrincado do que isso — forma e conteúdo desenham uma cifra indivisível na imaginação de quem lê.

Eis por que o maior inimigo da arte literária em seu anseio de ser esperta, desafiadora, tocante ou memorável — em resumo, artística de verdade — é a expressão convencional, a linguagem sonambúlica, a frase prêt-à-porter, o clichê. Este pode ser de forma ou de conteúdo, presente tanto na frase feita quanto na solução batida para um conflito da história, tanto no lugar-comum vocabular quanto no personagem estereotipado.

O pior é que, tendo a repetição suas delícias, muitas vezes não nos damos conta da sua presença. Ou nos damos conta e, em vez de horror, sentimos satisfação e conforto. O encontro daquilo que já estamos carecas de saber (eu, pelo menos, posso garantir que literalmente estou) costuma despertar sorrisos, como provaram muitas décadas de bordões de programas humorísticos do rádio e da TV — e hoje provam os memes.

Na linguagem comum, isso é tão tolerado que chega a ser bem-vindo. Olhando em volta com atenção, vamos reparar que todo calculista tende a ser também frio e que as vaias, não sendo tímidas, tornam-se logo estrepitosas. Mentiras gostam de ser deslavadas, formando mais um par constante de substantivo e adjetivo na extensa galeria onde moram apoios irrestritos, silêncios sepulcrais, calores senegalescos, chuvas torrenciais, sucessos retumbantes, vitórias esmagadoras, amores tórridos ou incondicionais, duras realidades, desculpas esfarrapadas, dores lancinantes, dúvidas atrozes, barulhos ensurdecedores, ascensões meteóricas, carreiras desabaladas, dribles desconcertantes, toques sutis, vontades férreas, erros crassos.

É claro que tudo isso pode render comédia de ótima qualidade, e aqui está a primeira ressalva que é preciso fazer quando se diz que o clichê não tem lugar na ficção literária. Tem — desde que usado de forma intencional. Isso é mais óbvio na fala de personagens, que, dependendo da profundidade que a história exija deles, podem ser caracterizados por gostarem de repetir um único lugar-comum — por exemplo, o tiozão reaça que só se refere ao golpe militar de 1964 como Gloriosa. (Sim, se o sujeito se limitar a tanto será um personagem esquemático — mas pode não haver problema algum nisso, como veremos no capítulo 5.)

Menos evidente — e de realização mais difícil — é a incorporação crítica de uma linguagem chapada pelo próprio narrador, como aquela em que João Ubaldo Ribeiro recicla, esmiúça, satiriza e esculhamba em *Viva o povo brasileiro* os clichês afetados do colonialismo, do patriarcalismo, do racismo, da carolice e da hipocrisia que puseram de pé este país.

Quando aqui se fala mal da linguagem formulaica, entenda-se então que me refiro ao clichê ingênuo, desarmado. Bem usada, a ironia tem o poder de inverter o sinal dos maiores defeitos textuais, transformando-os em trunfos. Seu manejo, porém, exige cuidado. Anos atrás, publiquei em minha coluna na internet (na época no site Veja.com) o seguinte textinho de condenação dos clichês:

NUM PISCAR DE OLHOS, O LUGAR-COMUM

É preciso abrir o olho com o lugar-comum. Ele dá mais que chuchu na cerca no texto do escritor que não faz das tripas coração para reduzi-lo a pó. De repente, num piscar de olhos, é tiro e queda: lá está o clichê, a frase feita, a expressão convencional deitada no berço esplêndido das mal-traçadas. E pouco importa que o autor seja dono de uma cultura invejável — o lugar-comum ataca gregos e troianos, penetrando insidiosamente em corações e mentes.

O preço da ausência de clichês é a eterna vigilância. Sem suar em bicas, sem trabalhar de sol a sol, nenhum escritor digno desse nome pode se considerar a salvo de seu doce veneno. Eu disse doce? Sim, doce, porque um lugar-comum que se preze é chinelo velho para pé cansado, o que equivale a dizer que proporciona ao usuário uma nítida sensação de prazer e conforto. No entanto, nunca se deve perder de vista que esse amor bandido, no fundo um santinho do pau oco, está sempre pronto a nos privar na calada da noite e com um drible seco e desconcertante de nosso mais precioso bem, a originalidade da expressão, nos deixando de mãos abanando e a ver navios no inverno tenebroso da linguagem.

Imaginei que a altíssima saturação de lugares-comuns bastaria para denunciar a ironia da forma, mas me enganei. Os comentários on-line deixaram claro que a maioria dos leitores não detectou os clichês que ladrilhavam o texto do início ao fim, embora quase todos aplaudissem sua mensagem anticlichê. Chinelo velho para pé cansado, pois é.

Tiques verbais desse tipo são traiçoeiros: ninguém está a salvo deles, e releituras atentas são necessárias para eliminar um ou outro que consiga furar a defesa. Meu romance *Elza, a garota* saiu em 2009 com um "suando em bicas" que me atazanou por nove anos, até ser corrigido na segunda edição. Lugares-comuns vocabulares são constrangedores e potencialmente catastróficos para a credibilidade de um texto em primeiro lugar porque, sendo as palavras a matéria-prima da escrita literária, um trato desleixado ou pouco íntimo com elas se arrisca a comprometer o empreendimento como um todo.

Mesmo assim, convenhamos que esse tipo de clichê é mais fácil de identificar e corrigir do que aquele que se desdobra em ação ou outra dimensão mais estruturante da narrativa — e que, pior do que um convencionalismo formal, traduz um convencionalismo moral. Uma vez que a literatura, para ser boa, precisa trazer pelo menos um lampejo de novidade, induzindo em quem lê a sensação sempre perturbadora de que alguma coisa *verdadeira* acontece ali, pela primeira vez, no ato mesmo da leitura, toda forma de automatismo da linguagem — robótica ou humana — é sua inimiga. Fugir dela deve ser um exercício constante, mas é mais difícil do que parece.

O CLICHÊ DOS CLICHÊS

Conversando certa vez com uma amiga, romancista talentosa que na época comandava oficinas literárias, ouvi dela que uma de suas maiores dificuldades era explicar aos alunos o que vem a ser um clichê. Fazer o orgulhoso autor de uma frase como "as ondas lambiam voluptuosamente a areia", que tanto o agrada por sua *carga poética*, compreender que ela é inaceitável; não só ruim mas desclassificante, algo que poderá ser interpretado como deixa para abandonar o livro.

O que torna o clichê literário impossível de ser delimitado com precisão é a margem de subjetividade que entra em seu julgamento. É claro que uma frase clichezenta como a do parágrafo anterior, afundada até o nariz no kitsch, está abaixo de qualquer defesa; quem for incapaz de perceber isso precisará voltar vinte casas no jogo. Contudo, a literatura admite um gradiente de níveis de tolerância ao clichê, a depender do gênero textual e das intenções autorais. Como regra geral, quanto mais e melhores livros a leitora tiver lido, maior será sua aversão àquilo que soa como eco involuntário de outras palavras, outros textos, outras histórias. (Mas convém não esquecer que no extremo anticlichê, onde a redundância da linguagem se aproxima de zero, fica o abismo da incomunicabilidade. Como diz Frank Kermode, "a novidade nas artes ou é comunicação ou é ruído".)

Nosso passeio pelo mundo do clichê tem como parada obrigatória o caso de Edward Bulwer-Lytton, romancista, poeta, dramaturgo, político e barão inglês nascido em 1803, que passou à história com a glória dúbia de ter criado o mais famoso clichê literário de todos os tempos. Se alguém já tinha usado uma fórmula parecida, o que não acho improvável, a imensa popularidade — em sua época — da obra de Bulwer-Lytton garantiu à frase de abertura de seu romance *Paul Clifford* o privilégio de fixar a construção exata, a forma paradigmática do clichê: "*It was a dark and stormy night*" ("Era uma noite escura e tempestuosa").

Snoopy, o beagle de Charlie Brown, foi seu maior divulgador durante décadas. Batucando numa máquina de escrever acomodada no telhado de sua casinha, o cachorro com veleidades literárias criado pelo cartunista Charles M. Schulz era dado a começar assim os livros que nunca terminava. Por exemplo:

Bulwer-Lytton acabou por batizar um concurso literário galhofeiro lançado em 1983 na Universidade de San Jose, na Califórnia, e em vigor até 2024: o da escolha anual da frase de abertura mais parodicamente idiota entre as submetidas por clichezeiros autoconscientes. Não era preciso escrever o livro inteiro: bastava, como Snoopy, começar muito mal. (Se alguém quiser organizar uma brincadeira semelhante no Brasil, sugiro deixar a memória do escritor vitoriano em paz e privilegiar um colega de lusofonia, o português Urbano Loureiro, que em 1878 começou seu livro *A infâmia de frei Quintino: Romance duma família* com a seguinte frase: "Era por 1880, uma noite carrancuda e tenebrosa...".)

A abertura infame de Bulwer-Lytton tem o mérito didático de ser um lugar-comum composto, situado ao mesmo tempo no plano da escolha vocabular e no da escolha narrativa. Não importa determinar aqui se a construção já era a variação de um truque literário cansado quando veio à luz, em 1830, ou se, pelo contrário, exalava um frescor que, de tão bem-sucedido e copiado ao longo do tempo, veio a se exaurir. A primeira hipótese soa mais plausível, mas isso importa pouco porque, de toda forma, é evidente que clichês são historicamente determinados. Há os que vêm da Antiguidade e há os que nasceram hoje de manhã.

O que importa saber é que a frase do barão inglês seria hoje uma abertura ficcional ridícula tanto por causa das palavras em si quanto pela história que elas engendram. Se a "noite escura e tempestuosa" soa, na materialidade de som e sentido, como um truque barato de filme de terror, indica também a filiação do texto a uma tradição narrativa que leva sensibilidades contemporâneas menos ingênuas a ficar com os dois pés atrás — uma história que começa falando do tempo.

Quem abre um romance falando da chuva que cai, caiu há pouco ou ameaça cair em breve deveria ponderar a seca condenação de Elmore Leonard: "Nunca inicie um livro falando do tempo". Não se trata de aceitar acriticamente esse ou qualquer outro veto. Convém lembrar: nada é proibido de antemão na literatura, e recursos gastos estão apenas à espera de que escritores de gênio os reabilitem. É claro que o escritor americano estava falando do que funcionava para ele, autor de narrativas policiais urbanas, velozes, "comerciais", baseadas em pura ação e tocadas em frente por uma prosa coloquial estilizada que só ouvidos perfeitos podem lograr. No entanto, quando algo é condenado com tanta veemência por um mestre, cabe prestar atenção. Recursos gastos podem ser reabilitados, mas só por quem sabe que eles são gastos.

A história que começa falando do tempo é um clássico do convencionalismo romanesco, herança do século XIX que permanece bem viva nas províncias mais ingênuas do imaginário contemporâneo sobre literatura. Trata-se de um dos subtipos da descrição chamado (se quisermos ser técnicos e tão antiquados quanto ela) cronografia. O reino da descrição literária inclui ainda topografia (paisagem), prosopografia (traços exteriores do personagem) e etografia (seus valores e costumes), como ensina Massaud Moisés em seu *Dicionário de termos literários*. Leonard encara tudo isso com a mesma suspeição: "Evite descrições detalhadas dos personagens. Não entre em pormenores demais ao descrever lugares e coisas".

Qualquer um que já tenha sido obrigado — como jurado de um concurso literário, por exemplo — a ler de enfiada um grande lote de romances contemporâneos sabe que, numa fatia considerável deles, a narrativa começa com uma longa descrição. Em alguns casos, de fenômenos atmosféricos, num eco da fórmula de Bulwer-Lytton. Outras vezes o pano se abre para revelar o cenário em que vai se desenrolar — mas não ainda, não ainda! — a ação: montanhas, vales, rios, casario, história e costumes locais. Quando se busca um foco mais fechado, pode ser uma casa com seus mistérios, seus objetos imantados pelo drama das gerações que ali viveram momentos de felicidade e de dor. Há também a descrição que se volta, em minúcias, para os personagens principais — e lá vem uma lista de traços fisionômicos e biográficos, peculiaridades de vestuário e características psicológicas ou morais. Às vezes essas descrições aparecem juntas, enfileiradas.

CUIDADO COM AS FRANJINHAS

Se é impressionante o número de pessoas que se lançam à aventura de escrever um romance tendo na mira um modelo que já era velho há 150 anos (quem sabe se possa ver aí um tributo à resistência cultural da literatura), não quero dar a impressão de que todo clichê narrativo seja passadista. Longe disso. Às vezes ele assume a forma de uma queda por palavras e construções de sabor antigo ou pela ordem inversa, é verdade, mas em outras tem a concretude textual de uma insistência excessiva no emprego de adjetivos em acepções que eles só podem assumir com muita licença — ou violência — poética. Também pode se enamorar da frase lapidar pomposa, do sentimentalismo rasgado, da epifania em série, quem sabe de cacoetes de experimentalismo — afinal, "a modernidade é o grande mito da literatura contemporânea", nas palavras de Ricardo Piglia. Clichês moderninhos são mais insidiosos até, por disfarçarem melhor sua vaziez.

No livro *O lugar das palavras*, pequena joia que todo aprendiz de escrita literária deveria conhecer, a editora Vanessa Ferrari parte da sua experiência na Companhia das Letras — onde, entre 2009 e 2015, calcula ter avaliado cerca de 240 originais submetidos por autores inéditos ou pouco conhecidos — para propor uma classificação das vozes narrativas mais clichezentas que habitam neste início de século xxi o imaginário de quem, muitas vezes sem dominar requisitos básicos, ambiciona entrar no mundo da publicação literária: o narrador saudosista, o narrador poético, o narrador conciso e o narrador autobiográfico são, em sua amostragem, os campeões do nosso tempo (Ferrari lista ainda o narrador erudito, mas este costuma se restringir a livros de não ficção).

O mais interessante é que, como a autora deixa claro, os mesmos estratagemas que conduzem ao fracasso artístico os livros que ela avaliou como insuficientes são bem-sucedidos em outros que chegaram ao mercado — e que *O lugar das palavras* também cita. Um espírito cínico diria que isso é natural, pois a diferença de leituras é determinada pelo nome do escritor, pelo prestígio que ele tem, por seu círculo de contatos e tal. Mas estaria errado.

Como todos os demais elementos de uma narrativa, a voz que narra se submete às leis gerais da história. Pode funcionar ou não funcionar, ganhar vida na página ou jazer ali como num caixão, a depender do todo — e do tempo investido no texto pelo autor, pois não se ajustam de tal modo as partes e o todo sem trampo. "Encadear um parágrafo com frases curtas porque é mais fácil não é uma decisão estilística", escreve Ferrari sobre o narrador conciso, "mas uma volta às origens, à lógica das redações nos primeiros anos de escola."

* * *

Não vou fazer aqui uma lista exaustiva de lugares-comuns narrativos, tarefa de resto impossível. Me contento em apontá-los como versões degeneradas daquilo que Umberto Eco chama de "sinais de ficcionalidade" — traços textuais de diferentes naturezas que identificam uma narrativa como ficção. "Em geral, reconhecemos a narrativa artificial graças ao 'paratexto' — ou seja, as mensagens externas que rodeiam um texto. Um sinal paratextual típico da narrativa de ficção é a palavra 'romance' na capa do livro", escreve o autor de O nome da rosa.

O sinal textual (quer dizer, interno) de ficcionalidade mais óbvio é uma fórmula introdutória como "Era uma vez". [...] Naturalmente, existem sinais ficcionais mais ou menos explícitos — por exemplo, o começo in media res [com a ação já em andamento], um diálogo de abertura, a insistência numa história individual e não geral, e, acima de tudo, sinais imediatos de ironia.

Vale enfatizar que não há nada de errado nisso — de artifícios ninguém se livra, e não existe prosa de ficção que possa abrir mão de determinadas convenções, códigos e pactos fundados na tradição. A intenção de Eco não é crítica, mas descritiva. No entanto, quando um "sinal de ficcionalidade" é inepto, usado fora de hora ou do tom e sem relação profunda com a história, transforma-se numa praga que assola ficções ruins e que eu chamo de franjinha literária. Esse nome exige explicação.

Num dos curtos ensaios de crítica cultural que escreveu entre 1954 e 1956, reunidos no livro Mitologias, o semiólogo francês Roland Barthes se detém com especial crueldade nas franjinhas exibidas por todos os personagens masculinos do filme *Júlio César*, de Joseph L. Mankiewicz, adaptação hollywoodiana da peça de William Shakespeare, com Marlon Brando no papel de Marco Antônio e James Mason no de Brutus.

Declarando o cabeleireiro o "principal artesão do filme", Barthes registra a variedade das franjas exibidas pelos atores, dizendo que "umas são frisadas, outras filiformes, outras em forma de topete, outras ainda oleosas, todas bem penteadas; os calvos não foram admitidos, embora abundem na história romana". No entanto, encontra para todas elas um propósito comum, que chama de "ostentação da romanidade":

> A madeixa na testa torna tudo bem claro; ninguém pode duvidar de que está na Roma antiga. E esta certeza é constante: os atores falam, agem, torturam-se, debatem questões "universais", sem que, graças à bandeirinha suspensa na testa, percam seja o que for da sua verossimilhança histórica.

Mas o que Barthes terá contra franjas romanas, se nenhuma representação artística pode prescindir de artifícios desse tipo ao propor seu jogo de faz de conta? A resposta é o excesso. Um excesso particularmente evidente para o público francês, que em sua opinião estranha os rostos escolhidos e "considera cômica esta mistura da morfologia do gângster-xerife com a pequena franja romana: trata-se, na verdade, de uma excelente gag digna de um music hall".

Como se vê, é a mão pesada do diretor, do cabeleireiro ou do maquiador, combinada à inadequação dos traços fisionômicos dos atores, que estraga para o crítico o efeito de verossimilhança que os arranjos capilares aspirantes à "romanidade" deveriam provocar, levando-os a resvalar na comédia involuntária. O problema não está na franja em si, e sabemos disso com certeza porque

Brando, "a única testa realmente latina do filme", escapa da implicância do crítico, pois "impressiona-nos sem nos fazer rir".

Sempre me lembro dessa maldade de Barthes ao ler textos, infelizmente comuns, que carregam na testa o que se poderia chamar de "ostentação da literariedade". Como as franjas do filme, que podiam ser frisadas, filiformes, em forma de topete etc., tais sinais também são bastante variados. Não há como evitar a vagueza nesse ponto, infelizmente. Como prova o papel desempenhado por Brando na crítica de Barthes, o mesmo artifício que parece conspícuo, falso e involuntariamente cômico num texto pode cair bem em outro — e, nesse caso, franjinha não será.

Quando as franjinhas literárias enlouquecem, acontece o que aconteceu com a romancista e poeta Amanda McKittrick Ros. É possível que essa professora nascida em 1860 na Irlanda do Norte não tenha sido a pior escritora do mundo. Com certeza foi a escritora ruim que mais sucesso fez pela ruindade da sua literatura. O surrealismo involuntário da prosa artificiosa de Ros deve sua imortalidade a uma legião de admiradores-detratores — com hífen porque são as mesmas pessoas, a admiração sendo no caso uma forma de gozação.

Não se trata de fenômeno isolado. Dona Ros está para as letras como Ed Wood está para o cinema e Pedro Carolino, autor do absurdo *Novo guia da conversação em portuguez e inglez*, para os estudos linguísticos. Mestre da *purple prose*, como os anglófonos chamam o estilo empolado típico da subliteratura, foi estudada e ridicularizada com fascínio e horror pela intelectualidade britânica nas primeiras décadas do século XX, em grupos de leitura como o de C.S. Lewis e J.R.R. Tolkien.

Em 1923, ganhou um artigo sério de Aldous Huxley:

Na sra. Ros nós vemos, como nos romancistas elisabetanos, o resultado da descoberta da arte por uma mente não sofisticada e sua primeira tentativa consciente de produzir um efeito artístico. É notável como na história de todas as literaturas a simplicidade é uma invenção tardia. As primeiras tentativas de qualquer pessoa de ser conscientemente literária sempre resultam na mais elaborada artificialidade.

A "mais elaborada artificialidade" a que se refere o autor de *Admirável mundo novo* é, no caso da autora dos romances *Delina Delaney* e *Irene Iddesleigh*, um pesadelo literário em que *todas* as palavras são franjinhas — signos de literariedade grandiloquentes e vazios — se agitando feito birutas no vendaval, como se lê neste trecho escolhido ao acaso (a tradução, certamente aquém do original, é minha): "Fala! Irene! Esposa! Mulher! Não fiques sentada em silêncio nem permitas que o sangue que agora ferve em minhas veias verta por cavidades de paixão irrefreada e goteje para me encharcar com seu matiz carmesim".

A VERDADE DA FICÇÃO

Vimos que os clichês são variados. Podem ir do automatismo vocabular quase aceitável de uma expressão como "cultura invejável" ao ridículo da "noite escura e tempestuosa"; da breguice plácida de "as ondas lambiam voluptuosamente a areia" ao kitsch em esteroides da sra. Ros; do sentimentalismo "poético" ao tatibitate automático das frases curtas de redação escolar; no plano da história propriamente dita, do final romântico "felizes para sempre" à narrativa de redenção previsível em que todos os sofrimentos da primeira parte viram êxitos acachapantes na segunda. A diversidade é tão grande que cabe a pergunta: haverá algo que unifique tudo isso?

Há sim. Dos deslizes vocabulares mais bobos às franjinhas que gritam histericamente "isto é literatura!", o que todos os clichês literários têm em comum é a falsidade. Todos mentem, todos traem o pacto tácito que o autor fez — ou, se não fez, deveria ter feito — com a leitora experiente e rodada: o de que ali, naquela história inventada, vai se usar a mentira de forma honesta e escrupulosa para dizer apenas a verdade, nada mais que a verdade.

Construída com "mentiras" (no sentido do fingimento que está na raiz da palavra ficção), a verdade da ficção não é fácil de definir. Não é uma verdade divina e não é uma verdade filosófica — pode talvez ser abordada desse ponto de vista, mas só se à palavra filosofia adicionarmos termos restritivos como "estética" ou "da linguagem". É mais proveitoso chamá-la de verdade artística — com o devido alerta contra a carga de mistificação trazida por "artística", palavra por demais abusada.

No caso, vamos levá-la a sério. Se não de artística, como chamar a verdade que se cobra do ficcionista, aquilo que fará sua história saltar da página e se projetar na mente de quem lê? Isso significa não cair no descrédito, não ser exangue nem idiota nem aborrecida nem flagrantemente artificial; soar, numa palavra, verdadeira. Essa é uma exigência plantada no solo da arte. Há quem — hoje em dia está na moda, mas sempre houve — imagine solucionar o problema com uma certa "verdade emocional" de quem escreve, como se sentimentos e experiências se imprimissem automaticamente na página; mas isso é só mais uma fonte comum de falsidade.

Aqui as regras são diferentes daquelas que regem a esfera do divino, no qual a verdade é "revelada", e também o discurso filosófico-tecnocientífico, em que se chega à verdade pela submissão dos mundos físico e mental a exercícios rigorosos de experimentação e abstração. A verdade que a ficção nos permite conjurar é de um terceiro tipo. O território em que ela precisa sustentar sua veracidade é apenas o da consciência leitora, naquele momento de fantasmagoria em que olhos e palavras se encontram.

A verdade artística trabalha com pedaços de outras verdades menos suspeitas, saberes especializados ou coletivos, grandes nacos de senso comum, princípios morais e religiosos, mas põe tudo isso a serviço da fabricação de um objeto estético destinado a ter um tipo de impacto sobre o cérebro e o corpo ao mesmo tempo — de um golpe, no ato da leitura. Nisso lembra a verdade religiosa: há algo de revelação ali. No entanto, a fé exigida, em vez de um ato cego de entrega existencial como na esfera do divino, é algo ao mesmo tempo mais banal e mais sutil — apenas uma suspensão temporária de descrença. O preço do ingresso é a disposição de entrarmos de coprodutores do filme mental que a voz narrativa projeta em nossa imaginação.

Essa conexão entre quem escreveu (no passado) e quem lê (no presente), entre o roteiro e o filme mental, é delicada, calcada na adequação de umas palavras às outras, a perder de vista — e de todas elas à história que se conta, como se cada trecho tivesse de ser a imagem do todo. Paul Auster tem da ficção uma definição bonita — "o único lugar do mundo em que dois estranhos podem se encontrar na mais perfeita intimidade".

Cada filme mental é sempre individual e irreproduzível, por mais vasto que seja o número de leitoras. Mal podemos começar a imaginar as inumeráveis variações de elenco, figurino, cenário, fotografia, montagem e trilha sonora que já tiveram no mundo *Dom Casmurro* e *Orlando*, *Crime e castigo* e *Madame Bovary*, *O olho mais azul* e *A hora da estrela*. O que todas as efêmeras versões imaginárias desses livros têm em comum é o fato de terem sido motivadas por certo conjunto de palavras, de terem se baseado num roteiro, numa partitura.

Quem lê proporciona à história carne, imagens, atmosfera emocional. Nisso faz um investimento libidinoso que, podendo ser maior ou menor, não pode deixar de existir, pois nesse caso não haveria leitura — não de ficção. Imprime também na obra-em-ação que tem diante (e por trás) dos olhos seus preconceitos, que verá confirmados ou desafiados pelo desenrolar da trama, pelo destino dos personagens. Misturados a esses vieses vêm pontos de vista perfeitamente legítimos e ponderados sobre diversos tópicos de cultura geral, costumes e visão de mundo, com os quais o texto poderá concordar ou não: ficções convencionais tendem mais à concordância, enquanto ficções ditas sérias costumam privilegiar a frustração de expectativas.

A leitora torce por certos personagens, tanto a favor quanto contra; antecipa, acerta, erra, fica exasperada ou contente; se excita, sorri, sente amor e ódio, cai na gargalhada, lê algo que lhe reaviva lembranças quase perdidas, sente o coração bater mais forte, de vez em quando até chora. Em um ou mais momentos do percurso, não é incomum que acredite estar diante de uma verdade profunda sobre a *vida*, o *mundo*, a *humanidade* — algo que ela sempre soube sem saber que sabia, expresso com clareza rara. Naturalmente, isso é uma ilusão.

Vamos com calma. Não falo de ilusão no sentido de falsidade, promessa vazia. Falo da ilusão que torna visível o que era invisível, como um passe de mágica faz surgir um pombo sob o lenço. O caráter de artifício é inseparável da operação, mas isso não significa que sejam menos reais ou menos profundas as convicções, paixões e tremores que ela mobiliza na pessoa que lê.

Em seu livro *O romancista ingênuo e o sentimental*, Orhan Pamuk atribui a eficácia do pacto que a ficção estabelece com quem lê ao que chama de "centro secreto" do romance, onde se esconderia um sentido profundo capaz de tornar significativas as mais banais informações que compõem a narrativa. "[A] convicção de que o romance tem um centro nos leva a crer que um detalhe aparentemente irrelevante pode ser significativo e que o sentido de tudo que está na superfície do romance pode ser muito diferente", escreve o autor turco. "O romance é uma narrativa aberta a sentimentos de culpa, paranoia e ansiedade. A sensação de profundidade que nos proporciona a leitura de um romance, a ilusão de que o livro nos imerge num universo tridimensional se devem à presença do centro — real ou imaginário."

No fundo, trata-se de uma questão de fé. O romance tem poder sobre quem o lê querendo acreditar que ele tem poder. Qual poder? Para o ganhador do Nobel de literatura de 2006, o de inocular no leitor o "otimismo" de buscar por trás das palavras, no "centro secreto" da história, um sentido da (ou para a) vida. Esse sentido pode ser provisório, vago, fantasmagórico, manifesto sob a forma indefinível de um presságio. Pode mesmo nem estar lá — o que importa é a busca. "O sonho de alcançar o conhecimento mais profundo, mais precioso do mundo e da vida", escreve Pamuk, "sem ter de enfrentar as dificuldades da filosofia ou as pressões sociais da religião — e de chegar lá com base em nossa própria experiência, usando nosso próprio intelecto — é um tipo de esperança muito igualitário, muito democrático."

A RESSONÂNCIA DE VERDADE

Então é só isso? Umas poucas palavras bem colocadas e pronto, ali está a leitora na ponta da linha, anzol cravado na bochecha? Sim, mas também pode ser só isso: uma única palavra em falso e o peixe desaparece nas profundezas para nunca mais passar perto do seu bote. O que vai ser? Acredito que todo mundo que escreva em qualquer praia estética, estando muito ou nada interessado em ser lido por um grande número de pessoas, tenha uma preocupação parecida com essa — isto é, todo mundo que escreva para ser lido por alguém e não apenas para *expressar seu eu profundo*. Como dar às palavras, uma após a outra, certa ressonância de verdade?

Tentativa e erro, escrever e reescrever, serão sempre processos indispensáveis. Contudo, tanto o escrever quanto o reescrever podem e devem ser guiados por alguns objetivos gerais, e entre estes o mais importante é o de tornar a história particular, concreta, tangível, irrepetível, única — porque aconteceu de acontecer bem daquele jeito, com aquelas pessoas, naquele tempo e naquele lugar.

Não se trata de um tipo de história, de uma ideia de história ou de um exemplo de história: trata-se de uma história. Pode envolver fatos banais ou maravilhosos, passados com pessoas comuns ou raras, na Mooca ou em Shangri-La, em estilo despojado ou cheio de volutas — a regra vale para a ficção como um todo (ou quase isso; resguarde-se uma pontinha para as eventuais exceções): uma narrativa ficcional deve ser particular e não genérica. Deve convencer quem lê de que aquilo aconteceu de verdade. Antes de ser uma injustiça, foi uma injustiça que se abateu sobre aquele personagem; personagem que, antes de ser um tipo, é alguém.

"Não me diga que a lua está brilhando; mostre-me o seu reflexo num caco de vidro", disse Anton Tchékhov. Recomendo a todo mundo que escreve guardar esse conselho do mestre russo num escaninho de fácil acesso na memória, para usar muitas vezes na vida. Há poucos que sejam tão certeiros.

É por isso que, diferenças de gênero e estilo à parte, o que se mostra praticamente invariável na ficção é a valorização do específico sobre o genérico, da parte sobre o todo, do menos sobre o mais. Em vez de dizer que "o calor era terrível", ou mesmo que "o termômetro marcava 42 graus", quase sempre será mais eficaz mencionar um dos efeitos concretos da alta temperatura: o asfalto amolecido que afunda sob o tênis da protagonista; as ondas de vapor distorcendo a paisagem vista da janela; o cara que abre a geladeira de picolé da padaria e enfia a cabeça lá dentro; a mulher de meia-idade que tira toda a roupa e mergulha no chafariz da praça, sob o olhar complacente do guarda gordo que não se anima a deixar a sombra de sua árvore; a evaporação integral dos oceanos revelando os esqueletos de galeões naufragados sob montanhas de peixes mortos.

Escolhido num cardápio que vai do mais prosaico ao mais fantástico, o tipo de detalhe, de metonímia, de condensação depende das intenções de cada um. Não se trata aqui de ensinar a produzir harmonias e melodias, apenas de afinar o instrumento. O que importa é dar a quem lê a ilusão de que quem escreve habitou realmente a cena, motivo pelo qual é capaz de apontar seus mínimos efeitos sensoriais, em vez de se limitar a sobrevoá-la e produzir uma platitude totalizante como "fazia um calor dos diabos". As batalhas homéricas não teriam nem metade de sua violência se o texto não nos levasse a *ouvir* o ruído de ossos e tendões partidos a golpes de espada.

DETALHES TÃO PEQUENOS

Como vimos, um dos desafios para o ficcionista é fabricar o efeito do casual, do contingente, da vida acontecendo. A leitora deve ser convencida, de preferência a partir da primeira linha, de que a história que ela lê se desdobra daquela forma porque, sim, é tudo fortuito. Não é slogan, clipe, lacração, textão, sermão, meme: é uma peça ficcional, partitura para a imaginação. Deve-se acreditar nela para que tudo se ponha em movimento.

Mas como convencer essa arisca personagem, com suas eras geológicas de histórias nas costas, a comprar a sua história? Vladimir Nabokov, um dos grandes estilistas do século XX, aconselhou: "Acaricie o detalhe, o divino detalhe". Em outras palavras, o autor de *Lolita* recomendava tratar amorosamente as minúcias, dispensar ao trabalho de investi-las de sentido todo o tempo que for necessário. O retorno é certo porque uma boa história terá na página tanto mais vida quanto mais bem escolhidos forem os detalhes concretos que a apresentam.

Na famosa abertura do escandaloso romance de 1955 que, narrado por um pedófilo impenitente, hoje ameaça condenar seu autor ao inferno do "cancelamento", Nabokov esbanja virtuosismo no festejado primeiro parágrafo ("Lolita, luz de minha vida, labareda em minha carne" etc., na famosa tradução de Jorio Dauster), mas não dá ali uma unha de descrição física da adorada de Humbert Humbert. Até então, a menina está toda dentro do homem, que narra em primeiro lugar os efeitos que ela provoca nele. A materialização de Lolita fica para o segundo parágrafo, que começa com esta frase: "Pela manhã ela era Lô, não mais que Lô, com seu metro e quarenta e sete de altura e calçando uma única meia soquete".

Como se vê, ao entrar em cena Lolita é apresentada por uma medida de altura, um pé de meia e só. Aqui podemos imaginar o escritor russo expatriado, que então já escrevia em inglês, acariciando os divinos detalhes: duas pinceladas rápidas bastam de alguma forma para conjurar uma menina inteira, e uma sala em volta dela, e um tempo em volta de todos.

Nabokov tinha à sua disposição um cardápio amplo de possibilidades: em se tratando da versão matinal de Lolita (o que, claro, já é uma escolha), a menina podia se apresentar pela primeira vez de camisola, com remela nos olhos, de uniforme escolar, carregando uma boneca meio suja, de cabelos ainda desgrenhados do travesseiro ou já molhados do banho, mastigando uma torrada com geleia — entre uma infinidade de outras opções que a imaginação e alguma experiência de "vida real" põem a nosso dispor.

No entanto, o autor sabe que, quanto menos detalhes, mais força cada um deles terá. Um erro que eu cometi por muitos anos foi ignorar que a inflação de detalhes desvaloriza todos. A meia soquete única com que Lolita entra em cena está carregada de expressividade porque Nabokov a pinçou, sabe-se lá depois de experimentar quantas outras possibilidades, para cumprir tal papel; e como ele fez uma escolha feliz, ela dá conta do recado.

Mas que papel é esse? O de metonímia, deusa generosa da linguagem literária. De uma menina inteira o autor escolhe ficar com dois detalhes, e é claro que, como é necessário que ocorra nos bons textos de ficção, quando examinados de perto eles dizem mais do que à primeira vista. O autor perdeu tempo com eles para que o leitor pudesse passar por ali voando (a menos que seja um cultor do *slow reading*, da leitura lenta, como a que fazemos aqui).

O primeiro detalhe se disfarça de pura objetividade, praticamente uma chatice de ficha médica; é sonso. A altura de Lolita, abaixo de um metro e meio, é a primeira indicação dada pelo texto de que a musa cantada pelo narrador em prosa apaixonada talvez não seja ainda uma mulher-feita. Como se verá mais tarde, ela tem doze anos.

O segundo detalhe é ainda mais diabólico. Essa "única meia soquete" abre, com apenas três palavras, uma fresta pela qual se entrevê a vasta paisagem da personalidade fetichista de Humbert. Soquete é — àquela altura da história da moda, quase exclusivamente — meia de criança, e desacompanhada de seu par significa tanto que um pé da menina está coberto quanto, o que é mais importante, que o outro está nu.

No entanto, a imagem, num plano mais superficial, também é casual e inocente, traduzindo apenas desleixo infantil, despreocupação com a compostura — o que, porém, nada apazigua na cena porque atiça ainda mais o desejo do pedófilo, além de plantar na mente dos leitores um primeiro alerta sutil de que é sinistro o olhar do homem maduro que registra tal detalhe com cobiça —, e portanto também sinistra, embora irresistivelmente bela, a voz que naquele momento fala dentro da nossa cabeça, tentando nos tornar cúmplices do seu crime terrível.

Como se vê, não é só a pequena Lolita que cabe inteira dentro dessa frase. O grande romance que leva o seu nome também. Fractais.

É claro que, para a mágica dos detalhes funcionar, o leitor não deve pensar em nada disso no momento em que lê, de modo que a aura simbólica projetada pela meia soquete não seja percebida muito bem, fique cintilando meio borrada na visão periférica de quem acompanha de olhos acesos a triste história de Humbert Humbert e Dolores Haze.

Isso não quer dizer que deixemos de registrar os significados ocultos na altura de Lolita ou em sua meia sem par, mas apenas que esses elementos não estão sob o holofote da consciência. Distraídos por uma história que se projeta à frente a cada palavra, ocupados demais em acompanhá-la, em formar um juízo sobre os personagens e suas ações, quase sempre captamos a reverberação conotativa dos detalhes num plano ligeiramente abaixo da consciência, um lusco-fusco em que compreendemos novas dimensões da narrativa mais por sugestão do que por exposição.

É bom que seja assim. Ao degustar um prato saboroso preparado com requinte, não costuma ser nossa primeira preocupação decompô-lo na cabeça em seus mínimos ingredientes — matéria-prima, temperos, modo de preparo. Para a maioria, tal curso de pensamento seria mesmo prejudicial à fruição de seu momento de felicidade à mesa.

A menos, claro, que a pessoa seja cozinheira também.

O IMPERATIVO DO SENTIDO

Imperativo do sentido é como eu chamo aquela peculiaridade da narrativa que faz tudo o que lançamos na página ser lido como *querendo dizer* alguma coisa. É isso que torna fundamental a escolha dos detalhes, elementos de cena, ações, lembranças, itens de paisagem, atmosfera, nuances emocionais: todos serão tomados por quem lê como significativos, pistas de um sentido oculto que deve ser decifrado. Trata-se de algo inevitável, um princípio da economia informacional e afetiva das histórias — tudo significa.

Se quem escreve não se encarregar de usar o imperativo do sentido a seu favor, induzindo a leitura e a decifração em direções que sejam interessantes para o que deseja exprimir, azar: quem lê fará isso por conta própria, e assim estará perdido o pulso autoral, o controle da história.

Narrativas banais são cheias de detalhes que não querem dizer — não intencionalmente, artisticamente, inteligentemente — nada. As partes são muitas, às vezes uma miríade delas, mas o conjunto é amorfo e sem vida. A não ser em raros deslizes que a leitora escolha perdoar, uma boa história literária não pode se dar ao luxo do detalhe gratuito, sob pena de perder aos olhos dessa leitora sua condição de boa história literária.

Se você escreve, por exemplo, que determinado personagem veste uma camisa vermelha, é bom que essa informação cumpra um papel no quadro que está pintando. Caso a cor da camisa seja um índice de puro acaso, "como na vida" — bem, é um direito seu mencioná-la, mas talvez não seja sábio.

É claro que a camisa vermelha pode ser relevante para a construção do personagem, signo de certo modo de estar no mundo. Pode ser mesmo muitíssimo relevante para a cena — digamos que a pessoa de vermelho esteja cercada por uma multidão furiosa trajando amarelo-seleção. Contudo, se for mencionada por mero automatismo, informação dispensável ou mesmo contraproducente na economia da página, a cor da camisa deve ser cortada.

Por que não deveria? Se pensarmos bem, são incontáveis as informações a respeito de uma cena — qualquer cena, exterior ou intimista, ação ou pensamento — que todo texto omite sem nem pensar nisso, como se omiti-las fosse muito natural. E não é?

Mais do que natural, é um fundamento da arte narrativa. Histórias são recortes de tempo e espaço feitos na amplidão indistinta, ao mesmo tempo tediosa e aterrorizante, de tudo o que existe ou pode ser imaginado — caos desprovido de sentido justamente por conter em si todos os sentidos possíveis. Contar uma história é escolher um percurso para explorar, lanterninha de pilha média na mão, num sótão escuro infinito. O que uma história não diz é tão importante quanto o que ela diz — se não for mais.

Digamos que você decida mencionar que, quando Daniela esbofeteou Plínio na calçada atarefada do fim da tarde no centro da cidade, um jovem cego atravessava a rua com seu cão-guia ao fundo. Problema nenhum, mas saiba que, queira ou não, este último detalhe se tornará parte relevante da história. As pessoas tenderão a especular sobre o que o rapaz com seu cão quer dizer — se é uma metáfora da cegueira emocional de Plínio, que o levou a sussurrar no ouvido de Daniela algo que a deixou tão brava. Certo, mas haverá uma boa razão para especificar também, junto com o olhar de espanto e a face vermelha de Plínio após o tapa, que fazia trinta e sete graus e ameaçava chuva? Que aquele trecho de calçada, perto de uma caçamba de lixo transbordante, fedia? Que uma sirene soou ao longe nesse momento? Que era antevéspera de Natal? E quando o revide do corpulento Plínio se materializar na forma de uma bofetada que derrubará Daniela na calçada imunda, por que avisar que na vitrine da loja de máquinas de lavar ao lado havia um cartaz de "25% off"?

Nessa vinheta urbana de violência, os tapas parecem ser de menção obrigatória, mas todo o resto é acessório. Trata-se de escolhas autorais: pode-se optar por usar todos os elementos mencionados, parte deles, nenhum deles, outros bem diferentes. Como se pode ver, o parágrafo que escrevi correndo e sem parar para pensar, em busca de exemplos que confirmassem a gratuidade dos detalhes, se recusa a ser lido exatamente assim. Ainda incipiente, já ameaça se parecer com um conto, dando seus primeiros passos incertos no país da narrativa literária como um bebê girafa.

Essa promessa de vida ficcional é uma ilusão propiciada pelo imperativo do sentido e construída pela superposição de detalhes. Sim, é possível — e até muito interessante — tensionar o que o imperativo do sentido tem de convencional, introduzindo na página elementos de gratuidade que brinquem com as expectativas de quem lê e lhe soneguem de modo intencional a satisfação de decifrar o sentido. No entanto, tudo isso deve ser feito de modo consciente: nenhum índice de gratuidade — sendo a representação da "gratuidade" — pode deixar de ser construído.

EM DEFESA DA BANALIDADE

É notável a facilidade que tem a literatura — em contraste dramático com o cinema, por exemplo — de pintar cenários grandiosos com base em quase nada, a chaminha trêmula de um palito de fósforo passando por grande incêndio. Em seu livro *Uma poética de romance*, Autran Dourado afirma ser o romancista aquele que "com um tiquinho de pólvora faz uma girândola, com um gritinho apronta um escarcéu".

A ideia que o autor de *Ópera dos mortos* defende nesse trecho — e em todo o livro, uma reflexão sobre os bastidores da criação que é raríssima na literatura brasileira do seu tempo — é a de que, no caso dos romancistas, a linguagem deve estar subordinada ao projeto amplo da narrativa. Um escritor não tem que saber por que a pólvora é explosiva, bastando que com um pouquinho dela crie a ilusão de um espetáculo pirotécnico. Se não precisa ser um cientista, tampouco lhe cabe o papel de sábio ou "filósofo", como diz Dourado. Seu único compromisso é com a obra: "Se o romancista emprega as técnicas das ciências na feitura dos seus personagens e do livro, ele o faz preocupado com a arquitetura, com a estrutura e a mecânica do romance".

Óbvio? Sim, mas o que sobressai nos ensaios metalinguísticos do escritor mineiro é um traço pouco enfatizado nas discussões literárias: a humildade. Não a humildade como ausência de vaidade — algo que seria inconcebível no mais franciscano dos escritores —, mas como reconhecimento de que a narrativa é mais importante e sabe mais sobre si mesma do que o autor:

> É preciso ter grande modéstia e humildade, a humildade dos criadores, para reconhecer a excelência das coisas, a importância mesmo das banalidades, porque o substantivo é banal, ao contrário do adjetivo. A palavra pode ser rara, mas a coisa que ela designa é sempre banal — coisa.

Numa tirada oral que André Breton tornou famosa ao mencioná-la no *Manifesto do Surrealismo*, o poeta francês Paul Valéry disse que jamais seria um autor de romances porque era incapaz de escrever uma frase tão banal quanto "A marquesa saiu às cinco horas". A piada é boa, e de fato toneladas de papel já foram gastas com histórias que eram, inteiras, variações da mortífera banalidade dessas palavras. O que fica de fora da tirada de Valéry é que a sua frase satírica, do ponto de vista da prosa de ficção, não apenas é funcional como pode ser seguida facilmente por outras que a tornam o oposto da banalidade. "A marquesa saiu às cinco horas. Antes das cinco e meia estava de volta, trazida por amigos, morta."

O poeta deixou de compreender algo que está na essência da prosa de ficção: a iluminação que uma história — a curta como a longa — ambiciona acender na cabeça de quem lê não se acha no plano imediato da palavra, mas na extensão diferida da narrativa. É um cálculo que conta com ganho futuro, e o processo demora um pouco. A frase de Valéry só será banal se a história da tal marquesa se mostrar desinteressante; o resto é preconceito contra a arte narrativa.

A esta, basta fundar um tempo, arrancar a leitora de seu próprio tempo, aquele em que ela abre o livro, e atirá-la no da história; para isso, marquesas e relógios podem bem ser suficientes. "Muitos anos depois, diante do pelotão de fuzilamento…", "Quando Gregor Samsa despertou, certa manhã…", "Durante muito tempo, costumava deitar-me cedo", "Aquele foi o melhor dos tempos, foi o pior dos tempos…". Será que García Márquez, Kafka, Proust e Dickens fariam alguma objeção à escapadela da marquesa?

O movimento da poesia é centrípeto: nela som e sentido precisam do máximo de condensação porque miram o eixo, o centro da linguagem, em busca do seu âmago mais vazio — que será também, paradoxalmente, o mais cheio. O movimento da prosa é centrífugo, expansivo: o que ela busca está fora dela, na fronteira difusa da linguagem com o mundo. Abre mão de uma parte do brilho imediato da imagem, do torneio da frase, da iluminação pela palavra, em nome do prazer da história. Ao se fazer história, se embebe forçosamente de conteúdo histórico. Mesmo aqueles estilos de prosa narrativa que poderiam ser chamados de "poéticos" (não confundir com poesia em prosa), por cultivarem uma condensação maior de sentidos no nível das palavras, têm um movimento geral que, embora possa ser mais lento, não pode deixar de ser centrífugo.

Vale registrar que contos costumam ocupar uma posição mais ambígua. É comum que tenham, em alguma medida, um elemento associado primordialmente à poesia — o sentido neles precisa ser mais condensado, mais cifrado na superfície concreta da linguagem; não tanto quanto na poesia, mas bem mais do que no romance. Este pode e deve encarar a banalidade de peito aberto porque seu objetivo é mimetizar a experiência de estar no mundo, com todos os ruídos, pontas soltas, zonas de sombra e horas mortas que isso envolve.

O necessário corpo a corpo da prosa de ficção — a romanesca em especial — com a vida prática a torna pedestre e pouco talhada para a expressão do sublime; numa palavra, prosaica. Já se vê que uma tensão se instala aí. Se até agora estávamos preocupados em fugir do lugar-comum, uma vez que toda forma de convencionalismo é kriptonita para a arte, como conciliar a busca da originalidade de expressão com essa inevitável dimensão de banalidade? Eis uma resposta que cada um precisa encontrar sozinho. Correntes artísticas inteiras se organizam em torno da questão.

O antídoto mais óbvio contra o risco de que a banalidade do mundo torne a própria prosa trivial, anódina ou aborrecida, é o enxugamento da narrativa ao essencial — uma cadeia de momentos significativos que se desdobram em velocidade suficiente para desafiar a lei da gravidade. Há outros caminhos, e a história da prosa literária, sobretudo no século XX, é uma longa prateleira de farmácia onde se enfileiram remédios contra a atração mórbida que a banalidade exerce sobre a narrativa. Todas as formas de experimentação são tentativas de descobrir uma vacina contra essa doença: fluxo de consciência, associação surrealista, estrutura em cacos, sátira pós-moderna, colagem pop, neologismos, equações concretistas, charadas conceituais, tudo isso almeja dar à linguagem uma densidade e uma estranheza que façam cada palavra brilhar como se fosse pronunciada pela primeira vez. Ou seja, trata-se de aproximar a prosa da poesia.

E mesmo assim a prosa sempre vence, pegando de cada vanguarda aquilo que lhe interessa para seguir em frente, desafiando o risco da banalidade como uma equilibrista na corda bamba. É para isso que ela existe, afinal — para dar conta da dimensão mundana de habitar um tempo histórico, com todos os seus comezinhos sentidos cotidianos. A prosa tem barriga, manchas na pele, estrias, juntas que rangem; tem até mesmo um lado imperdoável. O desafio é passar por tudo isso sem deixar a equilibrista se esborrachar.

Karl Ove Knausgård toma um rumo mais perigoso diante da banalidade: se alia a ela. De gosto estético passadista, os caminhos da arte moderna o deixam frio: "Eu havia estudado história da arte, e estava habituado a descrever e analisar a arte. Mas jamais escrevi sobre o mais importante, a experiência da arte para mim", afirma o autor norueguês em *A morte do pai*.

> Não apenas porque não seria capaz, mas também porque os sentimentos que as pinturas despertavam em mim iam de encontro a tudo que eu aprendera sobre o que era arte e para que ela servia [...]. A arte contemporânea, em outras palavras, a arte que em princípio deveria ter importância para mim, não levava em conta os sentimentos produzidos por uma obra de arte.

É o "sentimento", palavra fora de moda, que ele persegue: a transcendência, o enlevo, o desejo de "estar dentro da inexauribilidade", coisas que talvez já não caibam em nosso vocabulário estético senão como ideias cafonas. Acredito ser essa ânsia que o leva a buscar um efeito literário novo por meio de dois movimentos contraintuitivos: em vez de narrar menos, fugindo do banal, ele narra mais, muito mais do que jamais sonharia possível a sensatez das oficinas, inaugurando uma espécie de hiperbanalidade; e em vez de revestir palavras e frases de um verniz estetizante, segue em frente numa prosa aparentemente descuidada, corriqueira, que não rejeita lugares-comuns e reiterações e muitas vezes se aproxima do ingênuo.

Isso acaba se revelando um achado por mais de uma razão. A linguagem afrouxada, que de naïf não tem nada, leva muitas cenas a se desenrolar em ritmo arrastado, cheio de horas mortas, o que imprime à leitura uma sensação meio entorpecedora de "tempo real", de vida-como-ela-é. É como se o autor tivesse realizado a aspiração impossível da linguagem como transparência perfeita, que nada refrata da experiência real — um artifício, claro. A mesma pegada frouxa lhe dá toda a corda do mundo para se extraviar, fazer digressões de dezenas de páginas, misturar pequenos ensaios sagazes com o mais sólido senso comum, ir e voltar no tempo ao sabor da memória. Parece caber tudo ali, sem filtro. Como na vida?

A armadilha no caminho do leitor é camuflada com engenho. A descrição minuciosa de atos cotidianos como preparar um chá exige sempre muitas linhas, como se a cada vez o leitor fosse um ET com amnésia que precisasse ser apresentado a xícaras, saquinhos, água quente e o modo como tais elementos interagem. Isso poderia — e pode — ser chatíssimo. Mas também poderia — e pode — ser visto como uma volta à infância da linguagem, recuperação de um tempo de frescor em que as relações entre as coisas do mundo ainda não tinham se revestido, pela repetição, de uma pátina de enfado. As cenas capitais do romance, sombrias ou mesmo terríveis, recebem tratamento idêntico, mas a essa altura é tarde para recuar: quem tomou o chá já não pode recusar a cicuta.

2. E a sua vida com isso?

> *Não romantize a sua "vocação". Ou você consegue escrever boas frases ou não consegue. Não existe nada parecido com uma "vida de escritor". A única coisa importante é o que você deixa na página.*
>
> Zadie Smith

As relações entre escrita e vida são, claro, de mão dupla. Uma vez tomada a decisão de levar o ofício a sério, de exercê-lo tão bem quanto possível — sem delírios de grandeza, sem querer vender milhões de exemplares ou ombrear com Machado, mas humilde e honestamente, com dedicação —, passa a ser tarefa do escritor encontrar um equilíbrio entre escrita e vida. Esse é um caminho que tem ida e volta.

Na mão de volta, a do impacto que o ofício exerce sobre o seu estar no mundo, a escrita é uma ladra de tempo que costuma ser avara em recompensas — e no entanto, com alguma sorte e procurando bem, elas existem. Na de ida, aquilo que sua vida ou sua visão de mundo imprime no texto, bom, aí você terá matéria para ficar negociando até o fim dos seus dias — e também para começar a se divertir de verdade.

Este capítulo se dedica a abrir as janelas e arejar a mobília de quartos que, na maior parte das vezes, permanecem trancados em oficinas e cursos de escrita criativa. São aposentos habitados por fantasmas, onde a poeira de anos se deposita sobre questões que podemos chamar de "existenciais". Coisas ligadas à paisagem íntima de quem escreve, à sua postura diante da vida. Claro — isso é escrever, não é? Dizer alguma coisa, se expressar, formular pensamentos significativos sobre o mundo — o mundo visto por seus olhos. Ou será que não é bem isso, ainda, o escrever?

Não deixa de ser. A necessidade de expressão dá o pontapé inicial na maioria dos casos; em algum momento, é preciso compreender que ela não basta. Isto é, se você quiser ir em frente. Caso não se contente com o prazer espontâneo de pôr em palavras certos momentos da vida, transbordar na página um suor emocional como o daquele poema tocante que escreveu no dia em que nasceu seu primeiro filho. Ou como as confissões viscerais do seu diário, os poemas trocadilhescos de estética marginal que o visitam a cada dois ou três meses, aquele conto que você vem escrevendo e reescrevendo há anos...

É assim que costuma começar mesmo, mas no início do caminho é bom saber que não — você não precisa prosseguir. A maioria das pessoas que passa por isso, fica nisso. Escrever versos de amor para o filho recém-nascido pode ser um ato feliz e completo: não obriga ninguém a caprichar para que os versos sejam poeticamente sólidos, tragam alguma inovação formal, tenham perfeição técnica, fiquem em pé à luz da história da literatura.

Esse é outro jogo. Na verdade, um jogo difícil de conciliar

com a alegria dos versos ingênuos para o filho recém-nascido — de certa forma, até hostil à felicidade que vem com o nascimento de um filho. Um tipo de pensamento que pertence a outra esfera da vida e que, com seu peso, pode boicotar o momento. Como sacar o celular para filmar o show do Caetano ou o pôr do sol tira você do momento e boicota a fruição do show do Caetano e do pôr do sol.

O poema naïf para o filho e o poema para o filho que aspira a ser publicado e levado a sério habitam dois continentes distintos, e entre eles tem um pedaço de mar bravio que deve ser atravessado — de um lado fica a pura expressão de sentimentos, do outro a escrita como arte e ofício. Será que convém mesmo deixar as províncias amenas do diletantismo e da escrita bissexta, onde os aborrecimentos não costumam entrar? Eis a primeira pergunta a que um aspirante a escritor deve responder.

Antes de escolher o caminho do sim — e escolher de novo e de novo, pois não se trata de uma encruzilhada que se apresente uma vez só —, vale saber que a viagem toma tempo, exige solidão, subtrai da vida incontáveis horas de convivência com as pessoas amadas e lhe adiciona a culpa e a (auto)cobrança advindas daí. Costuma oferecer recompensas magras em termos materiais — e muito provavelmente em termos simbólicos também. Afinal, ninguém está lhe pedindo que faça isso, está? Já temos escritores demais. Mas o mais duro talvez seja o custo existencial: para transfigurar num poema artisticamente ambicioso a felicidade com o nascimento do seu filho, você vai ter de fingir, à moda de Fernando Pessoa, que é felicidade a felicidade que de fato sente. Introduz-se aí uma dor nova, consciência de segundo grau, descolamento entre o eu e o eu. Deve ser por isso que outro grande poeta, Carlos Drummond de Andrade, escreveu: "Escrever é triste. Impede a conjugação de tantos outros verbos". (Ao mesmo tempo, vale lembrar, permite a conjugação, na página, de verbos que jamais frequentariam a vida do sujeito.)

* * *

Mesmo que você seja o tipo de pessoa que não tem medo de cara feia e esteja se lixando para a magreza das recompensas ou para o tempo que isso vai tomar, desde que no processo escreva cada vez melhor, há ainda outro fator que merece ser ponderado: a relação de quem escreve com seu ofício costuma se tornar um esteio, uma viga de como a pessoa se vê. Ao tomar a decisão de ir em frente, convém saber que tipo de contrato se assina. A brincadeira tem tudo para ficar séria de verdade, quem sabe seriíssima, consumindo parte da energia necessária para dar conta do mundo — enquanto o mundo continuará lá com suas contas a pagar, suas idas à academia, seu colapso climático, sua ascensão da extrema direita e toda aquela confusão de mundo.

É claro que dá para ter uma vida funcional assim (embora não faltem escritores que prefiram não tê-la), e de todo modo passar tempo sozinho no seu quarto é justamente um dos motivos de você ter começado a escrever um dia, então vamos deixar de hipocrisia aqui. Mesmo assim, podem surgir percalços quando, em sua escala de valores, mais importante do que a tal "realidade" — às vezes chamada até de comezinha, veja só — é a literatura. Ah, a literatura... De tão magnífica, quase leva a gente a usar uma inicial maiúscula brega. A ela a pessoa decide num impulso terceirizar o julgamento do seu próprio valor, entregando a uma musa arisca — altiva, indiferente, maior que a vida, doida de pedra — o poder de decidir se será feliz ou infeliz, satisfeita ou frustrada.

Esse é, em linhas gerais, o contrato.

O pior, claro, é que na hora da prestação de contas não há garantia de nada. O que funciona aqui não funciona ali. O que parece funcionar na terça à noite se revela um lixo na quarta de manhã. É de deixar qualquer um maluco. Requer a paciência de um sábio combinada com a persistência de um idiota. Calma: até onde sei, é assim mesmo. (Não vamos falar ainda da alegria selvagem, extática, absurda, de conduzir ao ponto-final um texto bom, alegria tanto maior quanto mais tempo ele tiver tomado.)

Será que essa encrenca vale a pena? Existe a opção de desistir? Se existir, agarre-a. Mas pode ser que desistir já não seja possível. Digamos que, sem a aventura pessoal da escrita, você fosse se tornar uma pessoa frustrada, incompleta — que esse trabalho precise ser feito e pronto. Milton Hatoum afirmou certa vez: "Sem a literatura, não sei o que eu faria. Não faria nada. Seria um bestalhão". Se você também se identifica com a resposta do autor de *Dois irmãos*, só posso lhe desejar boa sorte. E a montagem de uma estratégia sensata de arte e vida.

PHILIP ROTH: "PARE AGORA MESMO"

Uma breve digressão sobre o conselho "desista se for capaz". Em 2012, logo após Philip Roth anunciar — aos 79 anos, quase seis antes de morrer — que não escreveria mais, a *Paris Review* publicou o curioso artigo de um jovem escritor americano, Julian Tepper, sobre o conselho que tinha ouvido do ilustre cliente do café onde trabalhava como garçom, ao se encher de coragem e abordá-lo para dizer que era escritor também.

Isso aconteceu poucos dias antes do anúncio da aposentadoria de Roth. O jovem o presenteou com um exemplar de seu romance de estreia e ouviu, além de um elogio ao título (*Balls*), as seguintes palavras:

> Isso é muito bom, mas melhor desistir enquanto está ganhando. Sério, é um mundo horrível. Pura tortura. Horrível. Você escreve e escreve, e tem que jogar fora quase tudo porque não presta. Eu lhe diria para parar agora. Não faça isso com você mesmo. Esse é o conselho que dou.

A advertência faz sentido, ainda que seja cheia de amargura. Já me peguei dizendo coisas parecidas a escritores iniciantes que me pediram conselhos. No caso, as palavras ficam mais eloquentes na boca de alguém que, com exceção do Nobel, experimentou merecidamente todos os tipos de glória que as letras podem propiciar — mas quase nunca propiciam. Se até Philip Roth chegou ao fim da vida com uma visão tão sombria do ofício ao qual se dedicou com disciplina de monge, isso não será a prova cabal de que estamos falando mesmo de um "mundo horrível"?

Pode ser, mas vale ter cuidado com o que dizem os escritores. Como são profissionais da palavra, muitos deles capazes de defender com o mesmo brilho a tese e a antítese, não convém tomar pelo valor de face tudo o que afirmam sobre o seu trabalho. Gostam de falar mal dele como poucas categorias profissionais, fazendo disso até mesmo uma arte — ah, a insuficiência das palavras, ah, a ingratidão do mundo, a tirania da musa, os pagamentos ridículos, a maldição da escrita etc. —, mas no mesmo movimento se asseguram de cercar o que fazem de uma aura "especial".

O fato é que o conselho da desistência é inútil na maior parte das vezes. A resposta que Tepper deu a Roth contém pelo menos tanta verdade quanto ele: "Tarde demais, senhor. Não dá para voltar atrás". Tarde demais, pois é. Para quem decidiu levar a sério esse jogo, a literatura vai ser sempre um trem que deixou a plataforma e dobra lá longe a curva das montanhas quando o autor finalmente chega, esbaforido, à estação. Todo dia ele promete ser pontual na manhã seguinte, e todo dia a cena se repete. Só resta ao atrasadinho — caso ainda não esteja cansado da brincadeira — voltar para casa, desfazer as malas e imaginar com palavras como teria sido maravilhosa a viagem.

PERGUNTAS PARA FAZER AO ESPELHO

Tarde demais ou não, é melhor não fugir de certas perguntas chatas. Que lugar ocupa a escrita na sua vida? O que você pretende com isso? Que tipo de retorno espera obter? Como vai ganhar o seu sustento?

Qual é o custo material e emocional da decisão de queimar tempo e energia numa luta desigual com palavras — as eternas favoritas na disputa — a fim de construir objetos que ninguém lhe pediu que construísse? Esse preço é justo, é pagável? Caso seja, quem o paga?

Como lidar com a mais que provável hostilidade do mundo aos seus esforços? Ou, pior, com a indiferença? Aliás, quem disse mesmo que você é escritor?

Existe uma coisa chamada "talento"? Se existe, como saber se você o tem? É possível escrever frases estilosas mas sem substância, ou seja, não ter nada a dizer? Devemos acumular uma bagagem de experiências de vida antes de poder fazer literatura que preste?

Você tem o direito de escrever apenas sobre a sua realidade ou pode imaginar personagens radicalmente diferentes de você? O lugar de fala impõe limites à ficção?

Está preparado para lidar com o ressentimento que tende a crescer feito capim na alma de todas as pessoas que levam a escrita literária a sério, das mais obscuras às mais bem-sucedidas?

Perguntas parecidas com essas atazanam pessoas — de todos os tempos, latitudes, classes, crenças — que decidiram levar sua relação com a escrita imaginativa além do hobby. Sabemos disso pelos registros que muitos desses homens e mulheres nos legaram em momentos de maior honestidade — ou de vulnerabilidade estudada para fazer pose, com escritores é difícil ter certeza. De todo modo, são fragmentos da experiência de quem esteve aqui antes de nós.

Otto Lara Resende: "Escrever é um ato solitário e besta, que não satisfaz nem o narcisismo do pobre-diabo que escreve, nem a expectativa do infeliz que lê". Virginia Woolf: "A literatura está apinhada de destroços de gente que se importou além do razoável com a opinião dos outros". Ernest Hemingway: "O equipamento mais essencial para um bom escritor é um detector de merda embutido e à prova de choque". Clarice Lispector: "Já que se há de escrever, que ao menos não se esmaguem com palavras as entrelinhas". Eugène Ionesco: "Um escritor nunca tira férias. Para ele, a vida consiste ora em escrever, ora em pensar no que vai escrever". Raduan Nassar: "Reverenciam-se mitos de modo obsceno. Tem gente que fala em Joyce ou em Pound e parece que está dando cria". André Gide: "Se um jovem escritor puder se abster de escrever, não deve hesitar em fazê-lo" (de novo!).

Como se vê, embora escrever seja uma das atividades mais solitárias do repertório humano, ninguém está realmente só quando escreve. É com fantasmas de escritores de todas as eras, mais do que com uma hipotética leitora, que se conversa. É por causa deles, em primeiro lugar, que decidimos um dia nos dizer — e nos fazer — escritores também.

No entanto, a conversa pública sobre escrita literária quase não entra naqueles quartos escuros. Pouco se fala sobre angústias mundanas como as que acometiam Margaret Atwood na juventude — o que fazer para ganhar dinheiro e não morrer de fome? ("Escreva uma distopia best-seller como O conto da aia" era uma resposta ainda inacessível à jovem canadense.) Ou sobre a decisão de Franz Kafka, expressa em seu diário, de jamais permitir que a rotina de uma vida conjugal lhe roubasse tempo de dedicação à escrita. Questões desse tipo costumam ficar relegadas a alguma região nebulosa na fronteira com o país do Indizível, cuja capital — onde só turistas desavisados e certos frequentadores de palestras literárias pisam — se chama Por Que Você Escreve?

Sim, é uma espécie de ponto cego. Algo que, para a maioria de nós, talvez oscile entre a frescura e o sagrado, entre o banal e o inefável, como se essas aflições fossem coisas de adolescente e tivessem de ser resolvidas pelos aspirantes nas categorias de base.

Acredito que não seja bem assim. As relações entre escrita e vida são tão decisivas quanto complicadas, uma equação que quase ninguém parece capaz de calcular direito — o que é mais um motivo para refletir sobre ela. Se não pelo autoconhecimento em sentido pleno, pelo autoconhecimento textual, sem o qual não se vai muito longe. Ninguém é bom em tudo — e, ainda que fosse, o objeto estético precisa, para se constituir, delimitar-se. Apostas em série são feitas nesse sentido, apostas artísticas. Aqui não há certo nem errado; são apostas, e dito assim pode parecer que é tudo aleatório, mas não é. As apostas são simpatias, afinidades.

Do autoconhecimento textual vem o poder de contornar nossos pontos fracos, acessar reservas de energia vital, abrir caminhos sustentáveis, modular expectativas, fundir armaduras, desfazer autoenganos, desarmar arapucas. Atos silenciosos, cotidianos e nada heroicos sem os quais, como diria Nelson Rodrigues, não se consegue nem chupar um Chicabon. É nesse terreno cotidiano e turvo do existir, do estar no mundo e escrever, mais até do que no lado técnico do ofício, que costuma deitar raízes a diferença entre fracasso e sucesso.

COMO COMEÇA: LEIA, LEIA, LEIA

Há alguns anos, Zadie Smith escreveu para o jornal *The Guardian* um decálogo de recomendações a escritores iniciantes que está entre os melhores que já encontrei. Um dos conselhos da escritora inglesa, o terceiro, serve de epígrafe a este capítulo. O que abre a lista é o seguinte: "Ainda na infância, assegure-se de ler um monte de livros. Passe mais tempo fazendo isso do que qualquer outra coisa".

Sim, é como tudo começa. No entanto, será preciso dizer que Smith está sendo irônica? Como assim, "assegure-se"? No momento em que chegar a ler esse conselho, o mais provável é que o aspirante já não seja criança. Máquinas do tempo à parte, como se assegurar de fazer algo no passado? O que a autora de *Sobre a beleza* está dizendo é que, sem ter tido em seus anos de formação uma boa dose de solidão preenchida por livros, talvez seja melhor a pessoa desistir. O que certamente é uma assertiva radical demais — percursos de exceção são sempre possíveis —, mas como regra geral me parece razoável.

Escrever se alimenta de ler, não tem outro jeito, embora ler seja um verbo mais feliz do que escrever. Contudo, para algumas pessoas, uma coisa leva à outra. É a leitura a grande responsável por transformar crianças e adolescentes em candidatos a escritor. A pessoa que um dia, de preferência ainda no tempo da neuroplasticidade em alta, se sentiu comovida, iluminada, entretida, enlevada, ferida, dilacerada, transformada por histórias que encontrou em livros guarda para sempre, em algum lugar do corpo, a memória do poder que elas têm. Se for impelida por essa memória a escrever, a tentar passar para o outro lado do espelho, saberá que se aventura por uma terra de gigantes. Escrever dá trabalho, ler é quase sempre puro deleite, e é a lembrança desse deleite que vai lhe servir de amparo quando a frustração da escrita tentar, infalivelmente, fazê-la desistir.

"Que outros se orgulhem dos livros que escreveram; eu me orgulho daqueles que li", disse Jorge Luis Borges, responsável pela formulação, em textos de ficção e não ficção, de uma poética exaltada da leitura em que os livros — "extensão da memória e da imaginação" — se encontram em conversa direta, lendo-se uns aos outros e praticamente dispensando a intermediação humana, num universo que só poderia ter como metáfora uma biblioteca infinita. É possível que Borges não fosse de todo sincero ao dizer aquilo:

como poderia uma pessoa, mesmo uma pessoa peculiar, não sentir orgulho da autoria de *Ficções*? O certo é que ele não teria escrito seus livros se não tivesse lido o que leu.

Ler como escritor é diferente de ler como simples leitor. Começa igual, mas logo se tinge de modos particulares: observação clínica, investigação, inveja, admiração, despeito, enlevo, releituras sem fim de certos trechos que nos assombram. É possível que seja esta, a leitura superatenta — e em certa medida resfriadora, corta-barato —, a única maneira de aprender a escrever de verdade.

Há quem recomende ler apenas "os grandes livros", ou seja, os clássicos, mas eu discordo. Costumo recomendar que se encare de tudo, deixando que uma leitura puxe outra e confiando na curiosidade e no prazer como bússola e GPS. Com alguma sorte, esse modo impressionista de se orientar no mundo dos livros vai levar você a visitar os clássicos, que são mesmo imprescindíveis — mas que ganharão em perspectiva quando lidos lado a lado com títulos contemporâneos de destaque e até com histórias despretensiosas, ou mesmo francamente ruins, de épocas variadas. Acredito que, em sua fase de formação como leitora profissional, a pessoa deva estar aberta a provar do bufê inteiro — com o passar do tempo, é natural que se torne mais exigente e já não engula certas coisas.

Sobre a leitura dos clássicos, que sempre afugentou muita gente pela fama — justificada apenas uma pequena parte das vezes — de "difícil", é importante ter cuidado com um entrave adicional que nosso tempo deu um jeito de fabricar: o risco da leitura a-histórica, arrogante e lacradora, que impõe ao passado uma moldura de valores contemporâneos. Em seu livro *Para ler como um escritor*, Francine Prose fala do perigo que o ambiente sociocultural contemporâneo oferece ao encantamento da leitura, germe da escrita:

Gostava dos meus alunos, que eram muitas vezes tão ávidos, inteligentes e entusiásticos que levei anos para perceber quanta dificuldade tinham para ler um conto bastante simples. Quase simultaneamente, fiquei impressionada com a pouca atenção que lhes haviam ensinado a prestar à linguagem, às palavras e frases que um escritor de fato usara. Em vez disso, haviam sido estimulados a formar opiniões fortes, críticas e, com frequência, negativas sobre gênios lidos com deleite durante séculos antes de nascerem. Haviam sido instruídos a acusar ou defender esses autores, como num tribunal, com alegações relacionadas às suas origens, seus backgrounds raciais, culturais e de classe. Haviam sido estimulados a reescrever os clássicos em formas mais aceitáveis, que os autores poderiam ter descoberto, se ao menos partilhassem o nível de perspicácia, tolerância e consciência de seus jovens críticos.

Tive a sorte de ter tido uma infância na companhia de livros, como a que Zadie Smith considera indispensável. A importância da leitura se acentuou na minha vida por acaso: quando eu tinha doze anos, meu pai, que era bancário, levou a família de Muriaé (MG) para Resende (RJ), a primeira de uma série de transferências periódicas que tiveram sobre mim o efeito de ampliar consideravelmente aquele espaço de solidão de que a literatura precisa para se apossar da imaginação de alguém. As obras completas de Erico Verissimo e os "clássicos da literatura universal" que havia na estante de casa (Flaubert, Tolstói, Turguêniev, Wilde) fizeram o resto. Mais dois anos e eu estava decidido a ser escritor.

Não era uma decisão cômoda. Tendo me apaixonado mais seriamente por literatura às portas da adolescência, logo descobri ser melhor — socialmente melhor, o que naquela idade era vital — ler escondido, mentir que não tinha lido o que tinha lido, zombar sempre que possível de tudo o que parecesse vagamente livresco. O desprezo à cultura e ao espírito, que Paulo Prado apontou como traço proeminente dos bandeirantes em seu polêmico clássico *Retrato do Brasil*, deixou marcas fundas em nossa sociedade. O anti-intelectualismo brasileiro é vasto, atávico, desavergonhado e pimpão. A quase totalidade de nossa elite e nossa classe média o perpetua quando, podendo ler, não lê xongas nem ensina seus filhos a fazê-lo.

No fim das contas, trata-se do mesmo substrato de bibliofobia que explica este triste enigma: por que a escola brasileira insiste em enfiar José de Alencar pela goela de milhões de adolescentes, geração após geração, garantindo assim — por meio de doses maciças de desconexão com a vida como ela é hoje, extemporaneidade sintático-vocabular e pura chatice literária — a formação de nossas multidões de não leitores convictos. Em nome da importância histórica do autor, que poderia ser apreendida mais à frente por quem se interessasse, aborta-se o prazer de ler. Associa-se a leitura de ficção a uma obrigação escolar mais maçante do que decorar a tabela periódica dos elementos químicos em ordem crescente de número atômico. E pronto — está salgada a terra.

Quando, aos catorze anos, aprendi datilografia (tolinho, eu acreditava ser esse o primeiro pré-requisito para virar escritor) e me tranquei no quarto para escrever um conto atrás do outro, a vergonha que se misturava ao fascínio devia muito a essa atmosfera brasileira — que na província quase não tinha válvulas de escape — de desprezo à literatura. Mas não era só isso. Creio haver algo de intrinsecamente complicado em assumir para si mesmo e para o mundo a condição de escritor. "Lembro sempre a cena do tribunal soviético que acusou o poeta Joseph Brodsky de 'parasitismo social', e a pergunta terrível que lhe fizeram: 'Quem disse que você é poeta?'", escreve Cristovão Tezza num dos ensaios de *O espírito da prosa*. "Todo escritor um dia terá de se fazer a mesma pergunta. A resposta não é simples."

No meu caso, a clandestinidade foi a primeira solução. Do hábito de ler escondido eu tinha passado, como foi dito, ao de escrever escondido — e deste ao de, também na moita, ir ao correio para inscrever meus contos nos concursos literários que garimpava nas colunas de notas dos jornais e da excelente, milagrosa revista *Ficção*, editada por Salim Miguel e Cícero Sandroni entre 1976 e 1979. Foi só ao ganhar o primeiro desses concursos, promovido por uma entidade de vida brevíssima chamada Academia Santista Juvenil de Letras, com um conto distópico bem setentoso intitulado "Problema de lixo acumulado", que finalmente saí do armário perante a família. Era 1978, eu tinha dezesseis anos. Sim, claro que os meus pais ficaram preocupados.

TALENTO EXISTE, "VIDA DE ESCRITOR" NÃO

"Lembre-se: uma vez que decidimos ser ficcionistas, assumimos o compromisso de fazer o nosso melhor. E isso não tem nada a ver com talento. No campo literário, nunca vi palavra tão vazia", escreve Luiz Antonio de Assis Brasil no livro *Escrever ficção*, fruto das décadas que passou à frente de oficinas literárias. Embora eu entenda de onde vem — e onde quer chegar — uma condenação tão veemente do talento, recomendo ponderação.

É evidente que existe talento para escrever, como existe talento para tudo no mundo — cantar, dançar, assobiar, desenhar, jogar bola, soltar pipa, fazer amigos, cultivar jardins, comandar equipes, cozinhar. Seria bem esquisito se escrever fosse exceção numa lista infindável de atividades humanas. Para cada uma delas, como qualquer criança aprende cedo, algumas pessoas levam mais jeito do que outras. O talento pode ser trocado por palavras mais leves, como inclinação ou facilidade, ou mais pesadas, como dom ou chamado; só não pode desaparecer.

A ideia de que "qualquer pessoa" pode fazer "qualquer coisa" bem, desde que a isso se dedique, é um dogma contemporâneo de autoajuda que tem apelo comercial inegável, mas pouco senso prático. Eu não poderia ser um bom jogador de futebol se tentasse — e isso posso garantir, pois durante muitos anos, em peladas diárias, tentei mesmo.

Que nem todo mundo pode ser escritor foi uma ideia repisada com verve — e fartas pitadas de maldade — pela poeta polonesa Wisława Szymborska na coluna em forma de consultório que manteve nos anos 1970 no semanário *Życie Literackie* (Vida Literária), reunidas no livro *Correio literário: Ou como se tornar (ou não) um escritor*. Respondendo sem cerimônia aos leitores que lhe submetiam textos em verso e prosa, a futura ganhadora do Nobel era capaz de comentários como este, endereçado a uma certa Halina W.: "Vamos dizer logo uma coisa que vai deixá-la muito chocada: a senhora é uma pessoa por demais ingênua e singela para escrever bem. No âmago de um escritor talentoso remoinham diversos demônios".

Com outro leitor, identificado pelas iniciais U.T., Szymborska vai mais longe:

> Pode-se virar escritor com vinte ou com setenta anos. Sendo autodidata ou professor universitário. Sem completar o ensino médio (como Thomas Mann) ou sendo doutor honoris causa de muitas universidades (como ele também). O caminho para o Parnaso está aberto a todos — aparentemente, é claro, porque no fundo são os genes que decidem.

Os genes! Se é provável que a carga genética tenha peso na determinação do talento, não menos importantes parecem ser os estímulos que uma pessoa recebe em sua fase de formação, ou seja, o ambiente. A poeta insiste na determinação genética em resposta a Eug. L., quando afirma que todo escritor deve ter "uma inata (inata, enfatizamos!) inclinação para a introspecção". A velha queda de braço entre natureza e cultura, que está longe de ser decidida, não recomenda enveredar por esse terreno. O que me parece claro é que o talento — que o pensador romeno E.M. Cioran equiparou a "uma certa desfaçatez" — existe.

Coitado, porém, de quem acreditar que ele basta. Nunca bastou e pode até atrapalhar quando, sendo exuberante e de manifestação precoce, leva o seu detentor a se acomodar, ficar preguiçoso, estragado pela facilidade com que a admiração dos outros lhe cai no colo. Enquanto isso, talentos menos frondosos e às vezes até mirrados podem, quando cultivados com capricho e perseverança, chegar a resultados superiores. Na história de todas as artes não faltam galerias de talentos incríveis que não deram em nada e de talentos moderados que foram longe. É claro que, quando a um talento raro se junta um trabalho sério, adentra-se o território da grandeza.

Embora o trabalho seja tão importante quanto o talento, se não for mais, sempre haverá na fauna literária quem escreva de modo mais instintivo, evitando pensar sobre isso. No entanto, pelo menos no mundo da prosa de ficção que se pode chamar (com alguma licença poética) de profissional, acredito que corresponda a um tipo minoritário. Como qualquer arte, a que é feita com palavras tem uma forte dimensão intuitiva, exigindo a elaboração e a expressão de questões pessoais profundas, no limite mesmo do exprimível e do elaborável. Contudo, não é menos digno de nota que o mito rimbaudiano da geração espontânea é o maior aniquilador de vocações da literatura.

Nem a história do próprio Arthur Rimbaud cabe no figurino: gênio precocíssimo, ainda adolescente quando ajudou a lançar as bases da poesia moderna, o garoto francês tinha sido um leitor voraz mais precoce ainda, conhecedor das literaturas clássica e romântica. Louve-se sua capacidade genial de digerir velozmente

— embora certa má digestão fosse parte do plano — a tradição literária. O que não faz sentido é exaltar uma suposta candura genial que o fizesse prescindir do alimento da história da poesia e mesmo assim cagar poemas belíssimos.

"O poeta se faz vidente por meio de um longo, imenso e ponderado desregramento de todos os sentidos", disse Rimbaud. Mais do que famosa, a frase é daquelas de para-choque de caminhão nas estradas literárias. Contudo, sua leitura habitual é fixada no "desregramento de todos os sentidos" — que parece mesmo a maior onda — e míope para os adjetivos esfriadores que qualificam e domam esse carnaval: longo e ponderado (no original "*raisonné*", fundamentado, pensado).

Ainda que se considere razoável pensar nos gênios como criaturas apartadas de todo contexto histórico, apostar no culto do artista de exceção como projeto literário é algo que eu só recomendo a quem tiver a certeza de ser um. Do contrário, melhor não. Além de exigir uma dose monstruosa de autoestima — provavelmente, até em termos estatísticos, delirante —, essa estratégia aumenta de modo exponencial as chances de fracasso.

Como o próprio nome indica, artistas de exceção são raros — o que não quer dizer que não existam. Há sim escritores e escritoras que são também personagens, figuras que supostamente escrevem e vivem de modo tão visceral que a simples ideia de reescrever uma frase lhes seria repugnante: a literatura para eles é — ou gostamos de acreditar que seja — puro ato, como na pintura de Jackson Pollock, e quase não se distingue da vida.

De tal estirpe se pode dizer com mais propriedade o que disse o conde de Buffon com pretensões universais: "O estilo é o homem". Coalhada de artistas malditos para todos os gostos, a história do lado B da literatura nunca deixará morrer esse mito — embora os mitos individuais que ela cultiva tenham, eles mesmos, morrido cedo na maior parte das vezes.

Tudo isso é compreensível. O charme romântico do escritor maldito tem vantagens sociais evidentes, dispensando quem escreve de bater ponto todo dia diante da página feito um proletário e aumentando sua chance da impressionar incautos com o brilho da obra que muitas vezes nem escreveu mas é claro que poderia, se quisesse, escrever — como, aliás, em breve escreverá, vocês não perdem por esperar; mas não ainda, não ainda... Fica mais fácil, com o figurino rimbaudiano, ir enganando.

Escrever mesmo costuma ser outra coisa, menos charmosa e mais próxima desta definição de Martin Amis:

> É um tipo de trabalho sedentário e introspectivo que se faz de pantufas, enfiando o dedo no nariz e coçando a bunda, você sozinho em seu escritório, e não há a menor possibilidade de ser de outra forma. Assim, qualquer um que entre nessa de olho em ganhos materiais e agitação mundana, eu não acredito que chegue muito longe.

Retocando então a epígrafe de Smith, não é que "vida de escritor" não exista. Existe — só não costuma ser praticada por escritores de verdade. Creio falar por muitos de meus colegas quando digo que o pequeno circo da vida literária, com suas feiras e noites de autógrafo e matérias na imprensa e posts de rede social (estes almejando hoje o primeiro lugar na lista de afazeres, bem acima de escrever) — tudo isso é uma parte necessária do trabalho, a ser encarada com doses variadas de boa ou má vontade, de prazer ou desgosto, a depender do freguês. Nunca, evidentemente, a razão de ser da coisa.

Fazer uma certa "pose de escritor" é algo que está, como estratégia de marketing, no cardápio de algumas pessoas (embora eu aprecie o humor do americano James Dickey: "Se você sabe mesmo escrever, não precisa usar roupas engraçadas"). Contudo, se fazer pose pode ser parte do jogo, acreditar na própria pose é bem ridículo.

MAS VAI VIVER DE QUÊ?

Há, em linhas gerais, três caminhos diante do escritor iniciante quando ele se defronta com a questão de como garantir sua subsistência: profissionalismo, voto de pobreza e saída pela tangente. Nenhum deles é certo ou errado em princípio. Cada caso é um caso. A escolha do caminho mais indicado ao seu temperamento e às suas expectativas costuma ser decisiva.

Profissionalismo — Aqui se trata de dar o que o "mercado" quer. Claro que você pode ter sorte; às vezes ele quer o seu livro sério, escrito apenas para agradar a seu exigente leitor interno, sem nenhuma concessão. No caso — bem mais provável — de que isso não ocorra, sempre será possível usar o arsenal de habilidades narrativas que você precisou aprender a serviço de produtos editoriais mais vendáveis: *ghost-writing*, biografias de encomenda, relatos de viagem, autoajuda e, claro, ficção de gênero e de entretenimento em geral.

É excelente que gente de talento escolha o caminho do profissionalismo. Quanto mais boas cabeças textuais optarem por encarar o mercado, estabelecer uma comunicação com o universo amplo das leitoras, melhor para todo mundo. Sem uma boa literatura comercial não é possível haver um ambiente literário e editorial saudável, apontou o poeta José Paulo Paes, e eu concordo. Sempre simpatizei com a ideia de profissionalização da escrita. Apesar de avanços recentes, é uma área ainda incipiente no Brasil, país culturalmente viciado em encarar o trabalho intelectual e artístico como diletante, gratuito, fruto de pura vaidade. Sempre fiz questão de ser pago pelo que escrevo, mesmo que pouco, o que ao longo da vida já me levou a recusar um caminhão de convites e a ganhar certa fama de "mercenário". Contudo, o profissionalismo requer cuidado também.

Dependendo de onde você queira chegar, vender suas horas de trabalho desse modo pode significar um desperdício de energia criativa e um barateamento da sua arte. Se seu projeto é escrever literatura comercial competente, vá em frente com meus melhores votos de boa sorte. Porém, não é para todo mundo esse embate com o gosto popular: requer um talento específico, um tipo especial de projeto literário, certo conjunto de referências e expectativas. No caso de não haver nas livrarias uma fila de leitoras esperando o que você vai dizer, ou se você ainda não sabe bem o que quer dizer, pois primeiro precisa escrever para tentar descobrir — nesse caso, talvez o profissionalismo não seja para você.

Voto de pobreza — Esse também é um caminho para pouca gente, embora tenha seus adeptos fervorosos. Trata-se de viajar leve pela vida, desapegar do conforto, não ter casa própria, filhos nem pensar, de preferência evitar o casamento, aprender a conviver com a incerteza do amanhã, ter hábitos baratinhos, umas poucas mudas de roupa, um único par de tênis, um celular velho de tela rachada, e se gostar de beber que seja uma cachacinha ou então com outra pessoa pagando. Esse tipo de desprendimento das coisas materiais tem sua dose de sabedoria, pois dá a quem escreve a liberdade de escrever o que bem entender, exista ou não alguém disposto a pagar por isso. O problema aqui, além das agruras materiais da vida, é o risco de entrar para o Clube dos Escritores Malditos, lugar lendário em que muita gente boa acaba se afundando em ressentimento na perseguição da "vida de escritor" — que, como já vimos, não existe.

Saída pela tangente — Caso você não tenha vocação para o voto de pobreza nem para os embates mercadológicos, seu caminho é com certeza a saída pela tangente, destino da maioria. Aqui as profissões podem ser de dois tipos: as de perto e as de longe da literatura.

No primeiro caso encontra-se uma série de atividades ligadas diretamente à escrita ou ao comentário sobre ela — jornalismo, roteiro, tradução, publicidade, leitura crítica de originais, área acadêmica. No segundo caso ficam os ofícios totalmente desvinculados, como odontologia, direito, diplomacia, contabilidade, comércio — qualquer atividade humana que seja o ganha-pão de quem prefere manter a escrita descontaminada da sujeira do dia a dia, confinada a certo número de horas arrancadas à rotina a fórceps, quase um hobby — só que um hobby levado a sério.

Sem a intenção de recomendar nada a ninguém, devo dizer que o jornalismo foi a escolha certa para mim. Cheguei ao Rio de Janeiro com dezessete anos, vindo do interior do estado — Itaperuna, onde morava desde os catorze —, e o emprego como repórter do falecido *Jornal do Brasil* me desprovincianizou. Não creio que, como um confuso e ignorante candidato a escritor recém-chegado da mais tacanha das províncias, eu pudesse ter me matriculado em escola de vida melhor. Para a literatura que eu queria escrever, embora ainda não soubesse disso, o provincianismo era a morte; até hoje lido mal com ele.

Há outro aspecto em que o jornalismo é boa escola: a obrigação de escrever todo dia, com hora marcada e em geral produzindo textos de tamanho predeterminado — embora esse traço da velha imprensa tenha se diluído no mundo digital. Além do exercício que isso representa, da intimidade que proporciona com as palavras, existe uma espécie de ética da ralação que favorece a literatura. "Ah, hoje não estou inspirado" é uma frase impensável no mundo do jornalismo; quem ousar pronunciá-la numa redação correrá o risco de ser expelido da carreira no ato. O mundo da escrita levada a sério também não tem muito lugar para a tal inspiração: é preciso trabalhar, ir em frente, tanto nos dias de alta quanto nos de baixa. O jornalismo ajuda a exercitar esse músculo.

Hoje as modas são outras, mas houve um tempo, no início deste século, em que parte do meio literário brasileiro pôs em circulação a ideia de que jornalistas davam maus escritores, apegados que estavam, coitados, a uma prosa realista envelhecida. Era uma maledicência vazia, pura disputa de mercado, mas chegou a ser vocalizada por pessoas respeitáveis em entrevistas. Não merece nem desmentido, razão pela qual me abstenho de listar aqui grandes escritores brasileiros e estrangeiros que militam ou militaram no jornalismo para pagar seus boletos.

Pelo menos num ponto aqueles detratores do jornalismo como trabalho de escritor tinham razão: a profissão pode ser, sim, solo inadequado para o florescimento de certas vocações. É o que sugere o grande número de pessoas que conheci em redações, algumas de texto finíssimo, alimentando planos literários ambiciosos para quando se aposentassem. No bar, depois do expediente, costumavam falar disso ali pelo terceiro ou quarto chope: fariam e aconteceriam. Que eu saiba, poucas fizeram e menos ainda aconteceram.

Parte do problema deve ter sido o fato do trabalho jornalístico ser tão acelerado e absorvente, para não dizer apaixonante. Contudo, acredito que a razão principal fosse outra. Vitoriosos em seu meio, aqueles repórteres e redatores tinham a ilusão de que bastaria levar para a literatura a linguagem que já dominavam, trocando o bloquinho de notas e os telegramas das agências de notícias pela imaginação, e pronto — seriam escritores. Não funciona assim. A ficção exige abordar a linguagem de outros ângulos, a maioria deles não só diferentes mas opostos aos do jornalismo. Sem virar uma chave na cabeça — em direção ao texto que se funda a si mesmo, com os dois pés mergulhados na linguagem —, o melhor dos redatores da imprensa conseguirá escrever apenas má ficção.

ROTINA DE TRABALHO, PENSAMENTO MÁGICO, SILÊNCIO

Entre os temas sobre os quais os escritores são chamados a responder com frequência, o da rotina de trabalho deve estar no topo da lista ou perto dele. São muitas as perguntas que cabem nessa categoria. Você escreve todos os dias? Tem uma meta de produção? Um número fixo de horas? Manhã, tarde ou noite? Observa algum ritual, alguma superstição? Desconecta-se da internet para escrever? Desliga o celular?

O interesse por tal tipo de informação sobre os bastidores da escrita é em grande parte fetichista, uma forma de atribuir à criação literária uma aura mágica ("Como você consegue?"), recusando a ideia de que escrever é nada mais que um trabalho — com suas peculiaridades, mas um trabalho. Como ocorre em todo ofício, cada trabalhador deve encontrar os métodos e rotinas que mais lhe convenham.

O risco do fetichismo é levar os incautos a se fixar no acessório e descuidar do principal. Zadie Smith, madrinha deste capítulo, conta ter recebido de uma amiga nos tempos de aspirante a informação de que Ian McEwan limitava sua produção diária a escassas quinze palavras. Era mentira, mas aquele número angustiou Smith por anos a fio.

> Eis uma informação infeliz para se dar a um escritor aspirante. Eu era terrivelmente suscetível ao poder do exemplo. Se me dissessem que Borges corria cinco quilômetros toda manhã e depois plantava bananeira numa tina d'água antes de se sentar para escrever, eu me sentiria obrigada a tentar isso.
>
> O espectro do limite de quinze palavras ficou comigo por um longo tempo. Três anos depois, quando estava escrevendo *Dentes brancos*, lembro-me de pensar que todos os meus problemas se

originavam no excesso de palavras que me sentia obrigada a escrever todos os dias. Quinze palavras por dia! Por que você não escreve apenas quinze palavras por dia?

É claro que o limite de quinze palavras nunca existiu para ninguém: a amiga de Smith tinha inventado a cascata ou, crédula, a passava adiante. Quinze palavras correspondem de forma aproximada a uma linha e meia. Se existem dias ruins em que o saldo do trabalho de um escritor não chega a tanto, limitar antecipadamente e de modo tão severo sua produção diária deixaria incapacitado o mais conciso dos prosadores.

O que me agrada nessa historinha é seu poder de retratar, com uma ampliação do grau de absurdo, essa armadilha em que caem multidões de escritores em seu caminho de aprendizado: como os grandes fazem? Na impossibilidade de escrever *o que* escrevem os autores que admira, o aprendiz passa a se interessar por *como* eles escrevem, na esperança de que reproduzir em casa algum aspecto do método que gerou ou do ambiente que viu nascer obras-primas fará uma obra-prima se materializar em sua mesa. Acho que todo mundo já passou por isso — eu certamente passei. Chama-se pensamento mágico.

A história da literatura está repleta de idiossincrasias para todos os gostos. Hemingway contou que, quando tinha dificuldades para escrever, descascava laranjas e espremia as cascas perto do fogo para ver "os borrifos de azul que elas faziam". Não se tem notícia de que atividades envolvendo frutas cítricas jamais tenham ajudado alguém a escrever uma prosa tão enxuta quanto a do autor de *Paris é uma festa*.

Há quem trabalhe com limites diários — Saramago não gostava de passar de duas páginas, o que dá cerca de setecentas palavras — e quem, como Balzac e Dostoiévski, escreva o máximo de palavras na maior velocidade possível, sabendo que os credores não serão sensíveis ao argumento da contenção. Procurando bem vamos encontrar quem diga que só o sedoso papel de carta do Algonquin, ferido pela pena de um pavão virgem alimentado com grãos orgânicos, é uma tela digna de sua inspiração.

Nada disso quer dizer que escritores não possam ter manias, rituais, superstições. Essas coisas são praticamente inevitáveis. Quer dizer apenas que cada um deve descobrir sozinho, na mais completa escuridão, quais são as suas. Como todo o resto.

Existe um aspecto da rotina que eu acredito se aplicar à maioria dos escritores: a necessidade de criar ao redor da mesa de trabalho uma bolha de silêncio — interior ou exterior, real ou metafórica. Num texto intitulado "Como escrevi *Os resíduos do dia* em quatro semanas", Kazuo Ishiguro conta que um dia, com o apoio de sua mulher, decidiu levar adiante o plano de se isolar por um mês e escrever todos os dias, de segunda a sábado, das nove da manhã às dez e meia da noite, parando uma hora para o almoço e duas para o jantar. A ideia era atingir, em suas palavras, "um estado mental em que o meu mundo fictício seria mais real para mim do que o real de fato". Como se sabe, deu certo.

Ao ler aquilo, logo reconheci esse estado mental estranho como algo que experimentei em alguns momentos ricos da minha própria experiência de escrita: as semanas de férias que passei sozinho numa casa na serra fluminense, sem trocar uma palavra com ninguém, quando escrevi grande parte de *As sementes de Flowerville* e, mais tarde, de *Elza, a garota*; e sobretudo os quinze dias de solidão numa pousada em Paraty, entre setembro e outubro de 2012, que deram forma definitiva à maçaroca desconexa que *O drible* tinha se tornado.

Meus livros não foram inteiramente escritos naqueles dias de isolamento — o de Ishiguro também não. Mas foi em tais momentos de atenuação da realidade, de volume do mundo reduzido ao quase inaudível, que tive os maiores acessos de lucidez e tomei as decisões mais importantes sobre eles. Uma medida de desconexão com o real parece ter sido necessária para que eu mesmo passasse a acreditar nos meus "mundos fictícios", deixando-os quase ao alcance dos sentidos — e se nem o autor acredita neles, como esperar que a leitora o faça?

Sem querer romantizar nada, muito menos a loucura, acho que E.L. Doctorow não se refere a nada diferente disso quando diz que "escrever é uma forma socialmente aceita de esquizofrenia". É possível que contistas e poetas tenham histórias diferentes para contar. No caso dos romances, com o fôlego longo que exigem, fico tentado a enunciar esta lei universal: a de que alguma medida de alienação controlada é imprescindível ao processo criativo. Como conciliar isso com as demandas da vida real é mais um problema que cada um precisa resolver por si.

É claro que, para quase todo mundo, uma temporada fora do ar como a que Ishiguro se concedeu será no máximo um luxo ocasional — isso se não for inviável mesmo. No entanto, uma importante medida de silêncio interior pode ser garantida quando se trabalha num computador desconectado da internet.

A internet, com as redes sociais em posição de destaque, é a maior ladra de tempo e concentração já inventada pela humanidade, e nesse sentido uma grande inimiga do escritor de ficção, que tem nessas duas coisas — tempo e concentração — quase todo o combustível de que necessita para trabalhar. Ao mesmo tempo, quando bem usada, a internet é uma ferramenta preciosa que pode poupar tempo de pesquisa; o truque é conseguir controlá-la, evitando sua atração dispersiva mórbida.

Ou seja: se puder, escreva off-line (conselho que eu mesmo tenho dificuldade de seguir) e vá reunindo num arquivo ou bloco de notas as dúvidas que exigirão checagem de dados. Mais tarde, num número predeterminado de minutos ou horas separados para esse fim, ataque todas de uma vez.

AUTOCONHECIMENTO E SAÚDE MENTAL

O autoconhecimento textual importa mais do que o psicoemocional para quem escreve. Uma vez, numa oficina, alguém me perguntou se para escrever é preciso compreender-se a fundo, ter uma visão lúcida de si e da vida. A resposta, acredito, é não: basta ver a quantidade de malucos e figuraças de variadas estirpes (e num único país temos Sade, Céline, Genet e Houellebecq; caso encerrado) que ajudaram a escrever a história da literatura.

Se para escrever ninguém tem de ser bem resolvido "enquanto pessoa, a nível de consigo" (como uma vez ouvi), também não precisa ser um sujeito psíquica ou emocionalmente transtornado — a identificação romântica entre criatividade e loucura é até mais disseminada, mas não mais verdadeira do que a crença na elevação espiritual como pré-requisito para fazer arte com palavras. O grau de saúde mental influi pouco ou nada na qualidade literária: se alguém é modelo de conduta ou um perigo para si e os outros, não parece ser relevante para o que escreve.

Convém explicar bem esse ponto. Há fortes indícios de que a expressão artística pode ser potencializada por certos estados alterados da psiquê. Parece claro que, de modo geral, escritoras e escritores não costumam ser recrutados entre os humanos que se sentem mais assimilados e à vontade no mundo. Se você é uma pessoa inteiramente assimilada e à vontade no mundo, não deve ter nenhuma razão para — e provavelmente nem saberia como — escrever.

Mesmo assim, faltam condições mínimas para que se estabeleça uma relação confiável de causa e efeito entre questões psiquiátricas e a criatividade com palavras — por mais que Rosa Montero tente nos provar o contrário em seu saboroso livro *O perigo de estar lúcida*. A escritora espanhola oferece um recorte instigante que deixa de fora do quadro incontáveis pessoas que tiveram e têm vidas burguesas ou pequeno-burguesas normais, tediosas, enquanto escreviam e escrevem umas coisas bem "doidas". Acredito — é um chute, mas não passará longe da meta — que a maioria dos escritores se encaixe num perfil que poderíamos chamar de existencialmente ordinário, a cada suicida juvenil que arrebata corações inebriados de trágico correspondendo umas tantas senhoras patuscas da Tijuca cercadas de netinhos, urdidoras de romances românticos, distópicos, de terror, policiais, pornográficos.

A relação mecânica do texto com a saúde mental de quem o escreveu é problemática em muitos planos, e entre eles está o da própria saúde mental: ao projetar uma aura romântica sobre o que requer tratamento, muitas vezes o dispensa.

Nada disso quer dizer que a escrita não possa ter funções terapêuticas para algumas pessoas; talvez até as tenha, com gradações, para todo mundo. Escritores mentem bastante sobre o ofício (o que, estou ciente, lança uma sombra de suspeição sobre este livro), mas são muitos os que gostariam de nos fazer crer que, se não escrevessem, estariam condenados a uma camisa de força. "Escrever é uma forma de terapia; às vezes eu fico pensando como todos os que não escrevem, compõem ou pintam conseguem evitar a loucura, a melancolia e o pânico que são inerentes à condição humana", disse Graham Greene.

Vá lá. O que defendo é que isso tem importância incomparavelmente maior para quem escreve do que para *o que* se escreve. Ao diferenciar autoconhecimento textual de autoconhecimento tout court, não nego que profundas correlações possam ser traçadas entre uma coisa e a outra. Digamos que haja aí um promissor campo de estudos — será, porém, um campo de estudos plantado epistemologicamente fora do discurso em que este livro ou qualquer juízo sobre o fazer literário se funda.

Cada caso será um caso, radicalmente único, inscrito na esfera da intimidade, onde a imaginação pode soprar os mais hediondos crimes fictícios no ouvido de abnegadas assistentes sociais incapazes de matar uma mosca. É claro que no fim das contas você acaba escrevendo quem você é, por mais que tente se esconder — parece mesmo que quem mais se esconde acaba por mais se mostrar. Mas as vastidões íntimas de que se alimenta a literatura não cabem em rótulos médicos.

A possível compreensão da literatura como álibi para comportamentos socialmente reprováveis é parte dessa paisagem — e mais um ponto em que cada um precisa tomar decisões éticas com os seus botões. Será legítimo usar numa história ficcional o caso real e embaraçoso que seu amigo lhe confidenciou? Mesmo com nome trocado, é provável que ele se reconheça no texto; talvez se magoe, quem sabe até se torne um ex-amigo.

"Se um escritor tiver que roubar sua mãe, não hesitará. A 'Ode a uma urna grega' vale qualquer número de velhinhas", disse William Faulkner. Ou seja: se for para escrever algo que atinja o nível artístico do poema de John Keats, ode ao Belo clássico, o salvo-conduto ético do criador deve ser amplo, quem sabe infinito. Inclui o direito de roubar velhinhas ou algo pior, insinuado por fumaças de genocídio ("qualquer número"). Estamos falando do velho pacto fáustico: o poder e o dom artístico em troca da moralidade ou da alma. A urna grega cantada pelo poeta inglês simboliza o triunfo da arte, único passaporte dos mortais para uma realidade superior à sujeira e à contingência do tempo humano (a tradução é de Augusto de Campos):

> *Quando a idade apagar toda a atual grandeza,*
> *Tu ficarás, em meio às dores dos demais,*
> *Amiga, a redizer o dístico imortal:*
> *"A beleza é a verdade, a verdade a beleza"*
> *— É tudo o que há para saber, e nada mais.*

Se beleza e verdade são a mesma coisa, são certamente algo distinto da vida real, aquela em que os amantes de carne e osso imortalizados no auge da juventude na urna helênica sobrevivem ao seu momento de glória cerâmica e vão aos poucos perdendo o viço, envelhecendo, enrugando, morrendo, virando pó; acabam esquecidos, e logo a memória de quem os esqueceu também se perde, todos mortos em tantos sentidos. Só a urna grega jamais morrerá, e com ela o poema que a canta: as velhinhas não têm a menor chance.

Ou pelo menos é isso que diz o artista, reivindicando ser julgado por uma régua moral diferente daquela com que medimos o restante da humanidade.

Usar retalhos da experiência à sua volta, correndo o risco de levar pessoas do seu convívio a se sentirem expostas, é algo de que poucos ficcionistas escapam. Contudo, abusar do álibi da arte pode ser pura canalhice — sem mencionar a hipótese provável de que, tendo roubado a própria mãe, o poeta descubra que isso não lhe rendeu nada parecido com a "Ode a uma urna grega", mas apenas um poema medíocre. Ao falar de Keats e das velhinhas, imagino que o autor de *O som e a fúria* fizesse um exame de consciência sobre o que lhe custara moralmente chegar até ali — o Nobel já morava em sua estante — e decidisse se perdoar.

Há muitos escritores, como o próprio Faulkner, que trabalham movidos a álcool, e há os que recorrem a outras formas de alteração da consciência e do comportamento — maconha, drogas estupefacientes ou lisérgicas, café ou tudo isso junto, em doses imprudentes. É bem conhecida a máxima que sugere que escrever doidão, desde que se edite sóbrio, tudo bem.

Seria ridículo condenar qualquer um desses aditivos com argumentos morais. Toda ajuda é bem-vinda. Cada um deve descobrir o que dá certo no seu caso e assumir a responsabilidade por isso. Fazer com que o pacote da escrita literária caiba no dia a dia é parte do indispensável pacto existencial com esse negócio. Se convém nunca esquecer que a mais alucinante máquina de viajar é o cérebro, e que um copo d'água pode nos levar longe, alguma forma de acesso a uma dimensão de saber intuitivo, não racional, que alguns chamariam de "visionário" ou "epifânico" — isso é bom haver.

Não vejo como poderia ser diferente: sem às vezes aquele tapa, sem porventura aquele copo, como sequer cavar uma brecha na superfície escorregadia dos dias e criar ânimo para se sentar diante da página em branco e ficar horas conversando com o vazio, explicando alguma coisa para alguém que não é ninguém ou é você mesmo — um duplo, um fantasma, um nada, mas um nada que precisa ouvir urgentemente aquelas palavras ali, naquela hora?

Entendo que tudo isso soe fora de moda em nossos tempos neopuritanos. Aditivos químicos? Argh. Um prosador de truz deve funcionar à base de suco verde ou açaí, nada além disso, e mesmo a normalização do café que vemos por aí merece ser repensada. Quanto a mim, filho dos anos 1960, considero um despautério dizer que nesse jogo vale menos do que tudo. Desde que o expediente ajude a escrever algo que preste, todo limite traçado nesse campo é arbitrário. Faulkner disse que precisava apenas de papel, tabaco, comida e um pouco de uísque. Que cada um descubra qual é a sua cesta básica — isso também é autoconhecimento textual, do qual falaremos mais no próximo capítulo.

3. Uma voz no mundo

> *Estilo: deficiência que faz com que um autor só consiga escrever como pode.*
>
> Mario Quintana

E agora? Como descobrir a sua voz? É necessário ter acesso a alguma verdade profunda sobre quem você é, sobre o que é o mundo? Ser "analisado"? Ou o contrário, ser bem doidão e até autodestrutivo se isso significar fidelidade a algum tipo de "ser" sobre o qual você julga ter direito? É preciso ser uma boa pessoa para escrever? É proibido ser uma boa pessoa para escrever? O que significa ser uma boa pessoa — escrever sobre isso? Quem escreve sabe mais, por isso escreve, ou sabe menos, por isso escreve? Trata-se de uma sobra ou de uma falta?

Não nego que todas essas questões sejam relevantes, mas parecem não ser decisivas. A história da literatura é uma sucessão de gente das mais variadas personalidades que escreveu com as mais variadas motivações, nas condições mais variadas e com os mais variados graus de sucesso profissional, social, existencial. Há gente ruim e gente boa, gente louca e gente santa, gente funcionária pública, gente assassina, gente de vida privilegiada e gente de vida marginal, gente heroica, gente discreta, gente torpe e gente trágica; a única coisa que todas têm em comum é que seu recado, o que quer que tivessem a dizer, tinha demanda e encontrou uma expressão textual suficientemente feliz para que algumas pessoas — ou, em certos casos, muitas delas — sentissem prazer lendo.

É claro que o texto sempre expressa a pessoa que o escreveu. Pode-se mesmo, com bons argumentos psicanalíticos, sustentar que o escritor de imaginação se revela mais do que o de autoficção ou memórias — justamente porque, ao dirigir seu olhar para longe da própria vida, em direção ao mundo, tem menos necessidade de mentir sobre si. No entanto, nunca se trata de uma relação mecânica. Talvez por isso a busca de pistas biográficas para acontecimentos estéticos sempre tenha me deixado frio. Não é que não se encontrem verdades nessa linha de investigação; é que são verdades menores. Falam da pessoa que escreveu e não do que realmente importa, o escrito, que está para os dados biográficos de quem escreveu como o quadro para os pincéis e as tintas do pintor.

Não há muito que você possa fazer na parte de "o que dizer". Parece que tudo já está embutido dentro de você. Ou melhor, claro que há coisas que podem ser feitas a respeito disso — experiências, viagens, leituras, cursos, retiros espirituais, amadurecimento —, mas são coisas que se encontram fora do domínio da escrita, no âmbito da vida. Ao escrever, uma pessoa expressa sua visão de mundo de forma inevitável, pois é com pedaços do mundo como ela o enxerga que será preciso construir o mundo ficcional. Nesse caso, pode-se no máximo recomendar coragem para encarar os próprios fantasmas, os próprios abismos — mas o modo de fazer isso fica fora deste livro.

Se você for uma pessoa preconceituosa, seus preconceitos se imprimirão na página. Um espírito simplório não pode produzir boa ficção, como lembrou Szymborska no capítulo anterior. Mas aqui é preciso ter cuidado: a personalidade que se manifesta na escrita não reproduz de modo automático aquela que o autor exibe na vida, e em certos casos difere dramaticamente dela. Uma pessoa circunspecta pode muito bem escrever uma prosa escandalosa, um taciturno se revelar humorista de gênio, um pacifista que não mata nem barata brilhar na narração de assassinatos tétricos. A personalidade que vai se exprimir inevitavelmente na voz literária é ela mesma literária — daí o autoconhecimento textual ser a tarefa mais importante do aprendiz.

Não é preciso dizer que um mesmo caminho pode levar uma pessoa ao êxito e outra ao desastre. Nem todo mundo que decida escrever uma prosa abarrocada, por exemplo, será capaz de fazer isso com competência aceitável. É preciso empreender uma jornada de autodescoberta na qual um norte costuma ser a ideia de juntar aquilo que a gente mais gosta de escrever com aquilo que escrevemos melhor. Aprender a evitar nossos pontos fracos e cultivar o que levamos jeito para fazer é fundamental, mas leva tempo. Exige quebrar pedra e a cara muitas vezes, escrever e reescrever. Passar pela fase das imitações. Passar pela fase das tentativas frustradas. Nada se perde: tudo é autoconhecimento textual.

UMA PERSONALIDADE FEITA DE PALAVRAS

Contar histórias é mais do que enfileirar acontecimentos e peripécias de forma engenhosa. É desenhar mundos hipotéticos que uma pessoa, lendo, se sinta compelida a habitar momentaneamente. Se tudo der certo, haverá entre texto e pessoa que lê uma troca de estímulos de tipos variados: cognitivos, afetivos, morais, eróticos. Um relevo sociopolítico vai se recortar, enquanto um juízo moral se insinua. O texto é, nesse sentido, como uma pessoa; não coincide inteiramente com a pessoa que o escreveu, mas a ela corresponde de alguma forma — a fruta nunca cai longe da árvore.

Eis por que Raymond Chandler, que é santo da minha igreja, ao dizer que o estilo é a projeção da personalidade de quem escreve, completou mordendo o cachimbo: "É preciso ter uma personalidade antes de conseguir projetá-la". Como todo mundo tem uma personalidade, entendemos que o criador do detetive Philip Marlowe se referia a certo tipo de personalidade — uma personalidade interessante. Mas o que seria isso? Para o que nos diz respeito aqui, pode ser qualquer uma que consiga conjurar na página frases que deem vontade de continuar lendo.

Estamos falando, claro, do fulcro, da cenoura na ponta do bambu, da miragem sobre a colina, do Santo Graal — daquilo que todo mundo busca ou, se não busca, deveria buscar. Um estilo. Uma voz. Uma digital impressa no texto. Não exatamente por vaidade (embora ela dê um jeito de estar presente, como é próprio do ser humano), mas porque é isso o que a literatura exige: um grão que seja de novo, não precisa muito, às vezes basta um grama de alegria para insuflar vida a velhas formas.

Uso voz e estilo como sinônimos. No clássico livrinho que dedicou ao tema, *A voz do escritor*, A. Alvarez faz uma distinção sutil entre eles: o estilo comportaria uma maior margem de artificialidade, podendo ser construído de modo racional, enquanto a voz seria simplesmente a expressão textual da alma do escritor. Não adoto a distinção porque a considero pouco funcional. Um estilo artificial é apenas um estilo ruim: se prestar, será sinônimo de voz.

Trata-se de algo que se encontra após um caminho de autodescoberta trilhado dentro do texto e que deve ter o texto por fim. Não sei até que ponto uma pessoa que consiga destilar o magma de referências de sua alma turva em boa literatura estará melhor ou pior equipada para lidar com as dores da vida do que uma que tente fazer isso sem conseguir, ou outra que prefira se dedicar ao cultivo de orquídeas. O que os bem-sucedidos têm em comum é o fato de deixarem seus contornos impressos no texto, onde se desenha linha a linha um objeto com determinada identidade.

Quem está em busca de uma voz literária deve, portanto, dirigir suas investigações menos para dentro de si mesmo do que para a outra extremidade do campo — a da página. É ali que, se tudo der certo, uma personalidade vai se desenhar. Essa personalidade será inescapavelmente a sua, e torçamos para que seja interessante. No entanto, se não conseguir encontrar para ela uma tradução textual adequada, nem a personalidade mais brilhante ou a história mais comovente conseguirão se garantir.

A frase de Mario Quintana que serve de epígrafe a este capítulo é, entre todas as definições de estilo, uma das mais úteis para quem está em busca de um. Estilo é o que nos limita, o que nos delimita quando estamos cheios de palavras. Tem o tamanho da sombra que projetamos, as mesmas curvas e os mesmos ângulos. No entanto, quando se diz que cada pessoa deve encontrar o seu estilo, o "seu" é dado, mas o "estilo" não. A voz que o ser humano ganha de graça da fisiologia deve ser, no caso de sua metáfora literária, descoberta ou inventada. Não se confunde, embora o erro seja comum, com truque, maneirismo, cacoete — abolir as maiúsculas, por exemplo, não basta para fazer uma voz. Se alguns escritores a encontram logo, outros precisam tatear pacientemente em busca das suas. Vou falar adiante, como membro deste último grupo, de como foi o processo para mim; acredito ser o melhor que posso fazer na ambígua tutoria que este livro propõe.

PRESTE ATENÇÃO NOS CRÍTICOS, DEPOIS FAÇA O CONTRÁRIO

A maior utilidade da definição de Quintana para quem busca um estilo está em apresentar a assinatura textual a partir do negativo, da ideia de algo que falta, em vez de pensá-la — de uma forma que seria até mais intuitiva — como o que fazemos de melhor. Claro que o estilo é isso também; mas é a deficiência, a limitação, que lhe dá seus contornos definitivos.

O que não escrevemos delineia nosso corpo textual de forma decisiva. Sabendo evitar o que não fazemos direito e valorizar o que fazemos bem, basta garantir que desse modo se conte uma história interessante; se tudo der certo, a leitora nem perceberá nossa inépcia para algum fundamento supostamente imprescindível como, sei lá, o monólogo interior. Nesse sentido, o estilo é nada além de um tourear de aleijões, tentativa de chegar ao fim da página sem levar um tombo.

No entanto, é fundamental distinguir aquilo que não sabemos fazer direito daquilo que outros consideram deficiente no que fazemos. Esse ponto é crucial, aquele em que o autoconhecimento se revela mais importante. Porque há evidências de que aquilo que seus primeiros leitores apontarem no seu texto como defeito será justamente sua maior força.

A ideia é espantosa, uma das que mais iluminam o caminho de quem busca uma marca textual que justifique a existência do próprio texto. Esbarrei primeiro com ela num conselho de Jean Cocteau: "Preste muita atenção nas primeiras críticas ao seu trabalho. Descubra exatamente o que, nele, desagrada aos críticos — e então cultive isso. Essa parte é a mais original, aquela que vale a pena conservar".

Eu já carregava na memória a frase do escritor e cineasta francês quando topei com esta de Autran Dourado, que sustenta a mesma coisa com outras palavras: "Se alguém lhe diz ou lhe aponta um defeito qualquer, a repetição, por exemplo, você tem duas coisas a fazer: obedecer ao crítico e não repetir; repetir de maneira tão radical que o que podia ser um defeito possa vir a tornar-se uma virtude".

Embora não de maneira programada, até porque na ocasião ainda não conhecia essas frases, a lei da transformação de defeito em virtude funcionou para mim. A primeira crítica que ganhei na vida — uma peça bastante truculenta, no limite da má-fé ou além dele, publicada por um grande jornal — me acusava de rir do que era sério, estetizar a violência e me espalhar em diversas direções narrativas ao mesmo tempo. Livro após livro, continuei a fazer tudo isso; nunca fiz outra coisa como escritor. É depois de ponderar em profundidade o conselho de Cocteau e Dourado que a gente chega ao que chamo de Tuposc.

O Tuposc (Tudo Pode Ser o Contrário) é a propriedade que tem todo conselho literário de funcionar em reverso. O conselho parece sensato, é o que se recomendaria fazer na maior parte dos casos — evite descrições longas, por exemplo. Eu mesmo as evito e sempre recomendo fazê-lo. Mas o fato de "evite descrições longas" ser um conselho sensato não impede ninguém de escrever uma história que seja pura descrição, da primeira à última linha, e por isso mesmo sensacional.

O noveau roman francês teve esse grau de radicalidade, e hoje não deve haver muita gente que leia aquilo, mas reconheça-se o esforço e a bravura de forçar um dos limites da narrativa a tal ponto. Como até o momento não se tem notícia de conselho literário que seja imune a funcionar ao contrário, o Tuposc está aí para dar conta de um hipotético artista da descrição que desmoralize a sensatez e escreva a obra-prima que Alain Robbe-Grillet não conseguiu escrever. Ou pelo menos uns bons contos.

O que vale para "evite descrições longas" vale para qualquer conselho razoável que se possa imaginar. Não escreva frases tão intermináveis, Proust, a leitora pode se perder. Pontue direito esses diálogos, Saramago, a leitora pode se perder. E se a gente cortasse essa digressão, hein, Machado? A leitora pode se perder.

Caso exemplar de conselho sensato: se for usar diálogos, que eles façam a história avançar e soem pelo menos um pouco orais. Aí o escritor espanhol Javier Marías responde em *Os enamoramentos* com diálogos literários demais para soarem realistas, e além disso digressivos, e nós acreditamos neles. De alguma forma, sua artificialidade sintática e vocabular de linguagem "escrita" não é um problema, está nos planos do autor — e funciona. Embora prefira certo grau de coloquialidade no diálogo, não senti falta disso. Marías pegou um "defeito" e o usou a seu favor.

Artigo primeiro e único do Tuposc: tudo o que normalmente se considera defeito numa narrativa literária pode virar virtude, a depender do tratamento que se dê.

O que pouca gente diz — e que Cocteau e Dourado apontam — é que cada "defeito", cada fuga do padrão razoável, pode ser uma via para a descoberta da famigerada voz própria, da assinatura textual ou que outro nome se dê a um modo de escrever distinguível e não genérico, uma marca autoral. Se uma soma de sensatezes fizesse literatura, seria fácil demais. Quais regras contrariar, e como, e quando, eis todo o segredo — aquilo que o robô não sabe fazer e talvez nunca aprenda.

Trata-se de uma fórmula sempre pessoal, que cada um deve descobrir sozinho. Ajuda ter em mente que os conselhos sensatos são sensatos por uma razão e, portanto, úteis na maioria dos casos; para todos os outros, Tuposc.

ESCREVER BEM É TER O QUE DIZER

"Fulano escreve bem, mas não tem o que dizer." Não lembro onde li a frase, ainda adolescente, mas não esqueço que ela me assombrou. Com certeza foi numa resenha ou quem sabe em duas ou dez, pois estamos falando de um clichê crítico. Junto com seus autores, deixei de registrar também os alvos da estocada. Estreantes, é provável, para alguém achar legal falar deles em termos tão duros. Não importa: foi a frase em si que passou a me perseguir em meus primeiros anos de escriba tateante, como se expressasse uma advertência severa e uma verdade terrível.

Então não bastava aprender a escrever? Era preciso também ser possuidor de uma qualidade mais misteriosa, talvez inata, certamente existencial, quem sabe política, tão fugidia quanto aterrorizante? Eu acreditava levar jeito para aquele negócio de literatura, sentia que as palavras me mostravam alguma obediência, mas... teria o que dizer? E como uma pessoa que não tem o que dizer descobre, inventa, encomenda, pega emprestado, vai à luta de algo para dizer?

Levei tempo para descobrir que aquela era uma questão falsa. Saber escrever e ter o que dizer são a mesma coisa, ou melhor, não existe na literatura — ou em arte alguma — a possibilidade de separar *como* dizer e *o que* dizer. Ou se tem o pacote completo ou não se tem nada. Mas essa constatação ainda estava distante para quem, batendo cabeça entre admirações ecléticas, passava pela fase da imitação — em série. Quando a insegurança batia mais forte, eu era dominado pela certeza de ser um Zelig das letras. O personagem camaleônico de Woody Allen parecia denunciar minha mimetização de tantos estilos, apontando uma falha grave no meu projeto: eu era um daqueles que não tinha "nada a dizer". Dominava o como — os muitos comos —, mas era tudo oco.

E por que não seria? Minha vida, em termos objetivos, era comum, razoavelmente feliz, e naquilo que não era feliz vinha a ser mais comum ainda. Eu ouvia o famoso conselho — "Viva primeiro, escreva depois" — e via diante de mim o muro da minha condição sociorracial privilegiada num país de desigualdade aterradora. Se um dia eu chegasse a publicar alguma coisa, não faltariam críticos para apontar a falta: "Rá! Ele escreve bem, mas…". Devo ter perdido um bom punhado de horas de sono com isso.

Nas últimas décadas, vimos se tornar cada vez mais dominante na conversa cultural a ideia de que a arte é apenas um veículo, entre outros, de sentidos socioculturais preexistentes. Em vez de reconhecer seu núcleo irredutível, tratando-a como um valor em si, o senso comum do nosso tempo até reconhece que sua linguagem pode ser sofisticada (ou elitista, o que transforma qualidade em defeito), mas o que importa mesmo é o conteúdo, a "mensagem". Como se aquilo que a arte diz pudesse ser expresso de outras formas — política, histórica, sociológica, crítica, ensaística, panfletária, jornalística — sem perda de valor. Ou seja, como se a forma não fosse a parte mais importante da brincadeira.

De todos os tipos de conteúdo preexistente, a experiência de vida de quem escreve é hoje o mais valorizado. O papel central do "eu" nas redes sociais e o enfraquecimento do sentimento comunitário são dois dos fatores que parecem estar por trás do peso desproporcional dado por nosso tempo ao lugar do vivido na literatura, corporificado no fenômeno internacional da autoficção. Embora haja excelentes obras feitas nessa praia, temo que a supervalorização da experiência como moda cultural, com o menosprezo à imaginação que vem junto, limite de modo severo o cardápio daquilo que a literatura pode alcançar — e que, no seu fundo mais escuro, contenha o próprio germe da negação da arte.

Até conselhos manjados e bem-intencionados como "Viva primeiro" e "Escreva sobre o que você conhece bem" reforçam a ideia de que para escrever literatura é preciso desembarcar nela, como um viajante consumista voltando de Nova York, com uma bagagem recheada — de "mensagens". Tais conselhos podem ter sua utilidade, pois viver é sempre bom, mas artisticamente são furados. Fundam-se na imposição de certo conteúdo — no caso, o relato da experiência — sobre a forma.

Ocorre que o conteúdo, pouco importa se vivido, imaginado, sonhado, lido, só existe através da forma e como expressão dela. Se alguém não sabe escrever, não tem o que dizer, e vice-versa. O quê da literatura é fundamentalmente literário.

EXPERIÊNCIA, OBSERVAÇÃO, IMAGINAÇÃO

"Um escritor precisa de três coisas: experiência, observação e imaginação. Duas delas, ou mesmo às vezes uma só, podem ser suficientes." A metade mais interessante da afirmativa de Faulkner é a segunda. O tripé em si é óbvio: mais do que dimensões da escrita literária, estamos falando de estágios da consciência, modos de fundar uma subjetividade e dar sentido ao nosso estar no mundo. A boa sacada está em que, faltando na literatura uma — ou duas(!) — de suas pernas, as outras podem se virar para dar conta do recado, como redes neurais que se estendem para compensar a morte de irmãs em alguma região corporal vizinha.

Claro que se trata de uma simplificação. Não pode haver falta — não no sentido de ausência completa — de nenhuma das três pernas quando se escreve ficção: nem experiência, nem observação, nem imaginação. Mesmo que o ficcionista não fale de si, sua experiência de vida é convocada o tempo todo para dar corpo a pensamentos, povoar de personagens e casos um mundo imaginário; de algum poder de observação tampouco ele poderá prescindir, sob pena de não conseguir passar da segunda frase; e quanto à imaginação, só um tolo não sabe que ela está presente, mesmo que oculta nos bastidores, até no mais desenxabido relato testemunhal. E ainda nem mencionei o fato de que, sendo a faculdade mais exigida de quem lê ficção, transformando palavras em *acontecimentos mentais*, a imaginação ocupa posição central nesse jogo. Nas palavras de Lígia Gonçalves Diniz, "é da imaginação que irrompe a energia afetiva latente em toda experiência literária".

Se os três pilotis são imprescindíveis, o peso que eles suportam em cada construção é variável, havendo quem compense uma capacidade menor de um lado — a imaginação, digamos — com o que consegue fazer nos outros; e havendo até quem manque de duas pernas e se equilibre heroicamente numa só. Mesmo que não se pense nisso e se avance de ouvido, por tentativa e erro, descobrir o melhor modo de posicionar esses pilares é sempre um desafio.

A supervalorização da experiência anda pimpona como nunca em nosso tempo, mas vem de longe. Tinha papel estruturante, por exemplo, na conferência que o crítico literário inglês Walter Besant proferiu na Royal Institution, em Londres, na noite de 25 de abril de 1884. Era em seu solo que se enraizavam afirmações como a de que "uma jovem que cresceu num pacato vilarejo no campo deve evitar descrições da vida militar" e a de que "um escritor com amigos e experiências pessoais de classe média baixa deve cuidadosamente evitar que seus personagens sejam introduzidos à alta sociedade". Embora tais ideias sejam truísmos para muita gente, a conferência de Besant (quem?) estaria esquecida se não tivesse sido refutada num artigo de Henry James.

Intitulado "A arte da ficção", o mesmo nome da palestra que o provocara, o texto do romancista americano que viria a se naturalizar britânico teve o mérito adicional de dar início à sua brilhante correspondência com o escocês Robert Louis Stevenson. Esse bate-bola improvável entre um mestre do realismo psicológico "sério" que vendia pouco e um mestre das narrativas de gênero que vendia aos baldes acabaria reunido no livro *A aventura do estilo*, que recomendo como um dos maiores repositórios de insights sobre escrita literária já publicados. Mas a resposta de James ao crítico também trazia riquezas em si.

Basta que aquela jovem do vilarejo se revele uma pessoa perspicaz e dotada de imaginação "para que seja injusto (ao que me parece) afirmar que ela não tem nada a dizer sobre os militares", escreve o autor de *Os embaixadores*. Para James, sustentar a primazia da experiência na escrita é "igualmente excelente e inconclusivo", por não ser possível dizer onde ela começa ou termina. "A experiência jamais é limitada e jamais é completa", argumenta, pois assume a forma de uma teia de aranha "suspensa na câmara da consciência, capturando toda partícula levada pelo ar".

Havendo imaginação, algumas migalhas bastam para conjurar mundos; não havendo, o mais vivido dos autores fracassará em soprar vida na página. A experiência aparece assim, nas palavras de James, como "a atmosfera da mente; e quando a mente é imaginativa [...], ela capta a mais ínfima sugestão de vida, ela converte a própria pulsação do ar em revelações".

Tudo isso é especialmente relevante numa quadra da história em que, movida pela justa condenação da velha crença no universalismo como mascaradora de conflitos sociais, muita gente passou a levar a noção de lugar de fala a extremos censórios, como se o tratamento literário de determinados temas fosse exclusivo de quem viveu aquilo "na pele". Me parece evidente que essa ideia é artisticamente danosa, além de compartilhar daquela falta de generosidade com que o sr. Besant tratou a "jovem que cresceu num pacato vilarejo no campo". Se é um fato comprovado que a ficção serve também para falar de si, me parece inegável que sua vocação mais distintiva e profunda é a de nos permitir imaginar o outro, o diferente. E como diz James no mesmo artigo, "não haverá intensidade alguma, e portanto nenhum valor, a menos que haja liberdade para sentir e dizer".

Essa liberdade é — ou deveria ser — inegociável. Não anda fácil garanti-la. As redes sociais favorecem um clima de confrontos tribais em que todas as certezas estão dadas e as punições a quem as contraria são terríveis, induzindo uma epidemia de autocensura — aquilo que a escritora nigeriana Chimamanda Adichie chamou de "um prenúncio da morte da curiosidade, da morte do aprendizado e da morte da criatividade". Num ambiente tão inóspito, entende-se que possa ser tentador, mas seria uma traição a milênios de história literária negar que todo ficcionista — de qualquer gênero, raça, nacionalidade, religião ou orientação sexual — tem o direito de escrever sobre tudo o que lhe der na telha, sendo julgado apenas pelo valor artístico do que conseguir fazer com isso.

Invoco de novo a lucidez de Zadie Smith, escritora negra — filha de mãe jamaicana e pai inglês nascida na Inglaterra —, de cujas ideias sobre literatura evidentemente gosto muito:

> O que me insulta a alma é a ideia — popular na cultura de hoje, apresentada em graus bastante variados de complexidade — de que só podemos e devemos escrever sobre pessoas que são fundamentalmente "parecidas" conosco: racialmente, sexualmente, geneticamente, nacionalmente, politicamente, pessoalmente. Que apenas uma conexão autobiográfica íntima do autor com o personagem pode ser base legítima para a ficção. [...] Não acredito nisso, e não teria escrito nenhum dos meus livros se acreditasse.

O QUADRADO MÁGICO DE ORWELL

Um esquema simples que, coisa rara, pode ser realmente útil como auxiliar do autoconhecimento criativo é o que George Orwell formulou ao listar as razões pelas quais as pessoas escrevem.

Para o autor de fábulas políticas poderosas — e resistentes ao tempo — como *A fazenda dos animais* e *1984*, as motivações da escrita literária se agrupam em quatro categorias:

Egoísmo;
Entusiasmo estético;
Impulso histórico;
Propósito político.

Já vamos falar de cada uma. Primeiro é preciso frisar que Orwell não recomenda escolher um desses caminhos. Talvez haja escolhas a serem feitas, mas a ideia é que — nas mais variadas configurações de um gráfico de pizza, da fatia fininha à maior — todo mundo que escreve tem pelo menos um pouco de cada um dos quatro elementos como motores da escrita. Não pode deixar de tê-los: por mais minimizadas que uma ou mais fatias sejam, jamais chegarão a zero.

A lista de Orwell, enunciada no ensaio "Por que escrevo", me parece bastante curiosa em sua seleção de elementos que, misturados, responderiam não por projetos literários propriamente ditos, mas pela motivação de botá-los de pé. Vamos a eles.

Por *egoísmo* entendo que Orwell queira abarcar as motivações ligadas à autoafirmação, à gratificação egoica, ao exibicionismo — à vaidade. A escrita como um botão pavloviano de gozo, mecanismo evolutivo, plumagem aberta em leque de pássaro com tesão. "Cheguei à firme convicção de que a vaidade é a base de tudo, e aquilo que chamamos de consciência é apenas a vaidade interior", disse Flaubert, enquanto Orson Welles lamentava que a máquina de escrever não aplaudisse ao fim de cada capítulo.

Não sejamos moralistas. Escrever para impressionar pessoas é uma motivação tão legítima quanto as que mais o sejam — e certamente mais do que inúmeras outras, como o dinheiro que se ganha escrevendo slogans de campanha política para palhaços fascistoides ou editoriais de jornalão propondo assar bebês pobres em fornos de padaria para acabar com a fome.

Por *entusiasmo estético*, o escritor inglês nascido na Índia quase junto com o século passado (em 1903) entende, acredito, o próprio gostar de escrever. Isso inclui tanto a ambição grave do grande objeto artístico quanto o prazer mais desinteressado de sua feitura — o encanto com palavras, pontuação, ritmo; a satisfação de esbarrar com uma verdade cristalina e produzir sobre ela uma frase sonora e honesta; a alegria de encontrar uma boa imagem para traduzir algum gesto sem nome do dia a dia; a felicidade de reler palavras que soavam bem quando escritas e que, nossa, continuam a soar bem agora.

Entusiasmo estético é o que encharca esta bonita lição de Raymond Carver:

> Escritores não precisam de truques ou ardis, nem de ser os caras mais inteligentes da rua. Às vezes, correndo o risco de parecer bobo, um escritor deve ser capaz de apenas parar e se boquiabrir com isso ou aquilo — um pôr do sol, um sapato velho — em simples e absoluto assombro.

Ao contrário da satisfação egoísta da escrita como outdoor do eu, o prazer que o entusiasmo estético oferece é gratuito, desprendido, inútil. Desajuizado também: dá tanto valor ao detalhe de um adjetivo secundário que, por puro esporte, se trocou por outro mais estranho quanto ao desenho intrincado da planta baixa de uma trama de mil páginas. Sem uma boa dose de entusiasmo estético, ninguém nem entra nessa brincadeira.

O terceiro fator, *impulso histórico*, também pode ser chamado de "busca da verdade". É o que move repórteres como o próprio Orwell, memorialistas, ensaístas, cronistas. Tem a ver com a construção de sentidos históricos, com o espírito investigativo e seu ofício de sopesar fatos, dando ao texto o valor de testemunho para a posteridade. O impulso histórico é o mais cívico dos princípios da escrita, aquele em que se nota um núcleo de nobreza — estropiada, mas altiva — e generosidade com a espécie humana. Foi um princípio que aumentou sua participação média de um dia para o outro nos gráficos de pizza de cem anos atrás, no mundo entreguerras, quando o cidadão Eric Arthur Blair, nome de batismo de Orwell, começou a escrever sua obra impressionante como se tivesse pressa — e deveria mesmo ter, pois estaria morto aos 46 anos.

Por fim, o *propósito político*, quarto e último pilar motivacional da escrita segundo Orwell, quase dispensa explicações. É aquela vontade de mudar o mundo que em algum momento acomete todas as pessoas de boa índole — o que mais se poderia querer fazer com o mundo, afinal? O texto literário como arma numa guerra ideológica, tentativa de intervenção na luta política diante do nariz do autor — recurso que o próprio ex-comunista inglês viria a usar como nenhum outro escritor do seu tempo e como poucos de qualquer época. Recurso perigoso, aliás, responsável por muita subliteratura panfletária e que, revalorizado no século XXI, levou Orwell a encontrar o elixir da juventude literária: um século depois, continua a ser lido por jovens que enxergam mensagens de grande atualidade em suas sátiras políticas antidespóticas.

Sim, falta dizer alguma coisa. Há no mínimo um quinto elemento, ausente do modelo orwelliano, que se poderia chamar de investigação filosófica ou existencial, um dos traços dominantes de autores como Clarice Lispector, Albert Camus e tantos outros. Mas vamos tomar o inglês em seus próprios termos.

Que Orwell é um escritor pesadamente investido nos princípios três e quatro do seu esquema é óbvio. A surpresa é vê-lo se declarar naturalmente inclinado para o número dois, o lado estético da escrita, segundo uma "visão de mundo" adquirida na infância. Só mais tarde ele se sentiria atraído pelos campos histórico e político, atendendo a um chamado moral inegociável.

"A guerra na Espanha e outros eventos em 1936-7 pesaram na balança e, depois disso, já sabia minha posição", escreve. Não foi, obviamente, o único escritor da época a imprimir à sua obra um propósito político claro. Em momentos históricos de ascensão do autoritarismo, como também é o nosso, esse tipo de ênfase tende a ganhar força.

O segredo de Orwell talvez deva ser buscado em sua fusão original dos elementos dois, três e quatro — entusiasmo estético, impulso histórico e propósito político. Se os dois últimos o tornaram competente em isolar as grandes linhas de força da sociedade do seu tempo, o primeiro o levou a fixá-las magistralmente por meio da linguagem, a fim de devolver ao mundo seu reflexo monstruoso. Orwell começa mais esteta e termina mais político, mas dificilmente teria sido tão bem-sucedido como político se não tivesse nascido esteta.

No meu caso, depois de pensar sobre algumas composições, não cheguei a uma conclusão sobre as proporções finais dos elementos. Em todas as versões, porém, o número dois, entusiasmo estético, está bem representado. Recomendo o exercício a todo mundo. Claro que a dosagem das motivações acaba sendo decidida sobretudo de modo inconsciente, respondendo a questões de temperamento, de inclinação natural, de trajetória de vida, de afinidades nem sempre eletivas. Mas refletir sobre os processos que nos moldam, mesmo que estejam além da racionalidade e da vontade, é sempre útil — ainda mais para quem está no ramo de traduzir o mundo em palavras.

IMITE SEM MEDO, MAS SUPERE

Na fase da imitação, pela qual passam todos ou quase todos os aprendizes da escrita, a pessoa escreve à moda de alguém que aprecie muito — em especial, que esteja apreciando naquele momento. Não se deve ter medo dessa mimetização, que é saudável como exercício.

Fui um imitador prolífico. Um dia era seco feito Hammett, no outro barroco-rosiano; numa semana estava às voltas com refinados pontos e vírgulas colhidos em Machado, na seguinte vomitava um grosso cinismo fonsequiano. Acordava clariciano, ia dormir vilelista, e se quase sempre tendia ao cortazaresco, acontecia de tirar uma onda de Borges de araque ou mesmo, num dia ruim, de Poe caipira. Não saberia dizer — nem tem importância — o quanto ficou de cada um daqueles estilos no meu modo de escrever. Acredito que todos tenham sua contribuição.

Há riscos, sim. Quanto mais forte e idiossincrático um estilo, maior poder de contágio ele tem — e maiores as chances de uma vítima de seu sortilégio jamais se libertar. Imbatível campeão brasileiro da modalidade por décadas, Guimarães Rosa já deu o beijo da morte em muito aspirante. Isso não significa dizer que uma temporada de imitação rosiana seja nociva, pelo contrário — desde que descartada a tempo.

Em 2010, inventei para o meu blog, o Todoprosa, uma enquete com escritores brasileiros sobre suas maiores influências nos tempos de aprendizado. A resposta de Raimundo Carrero, rosiano confesso, foi uma das mais divertidas:

Cheguei a escrever um livro inteiro de contos — chamava-se *O domador de espelhos* — que foi enviado à editora Civilização Brasileira por um amigo consagrado, cujo nome prefiro esconder. Ênio Silveira, o editor, recusou-o, alegando exatamente isso: é uma imitação estúpida de Guimarães Rosa e nada mais. Tinha razão. Tive que esquecer o criador de *Grande sertão: veredas* por muitos anos. E, ainda hoje, guardo distância. Basta lê-lo numa manhã e à tarde já estou repetindo todos os seus cacoetes. Vade-retro, mineiro!

Outras influências mencionadas foram Jorge Luis Borges, por Milton Hatoum, e Clarice Lispector, por Cíntia Moscovich e Carola Saavedra — que contou ter precisado tomar medidas drásticas para se livrar do encosto: "Um dia, peguei todos os seus livros, coloquei numa caixa e fechei bem fechada. Só fui abri-la quase uma década mais tarde". Mas o campeão da influência naquela enquete, com três votos — o de Michel Laub, o de Flávio Carneiro e o meu —, foi Rubem Fonseca.

Surpresa nenhuma. Num sentido menos estético do que, digamos, moral, a voz mais relevante da literatura brasileira no último terço do século passado foi a que Fonseca introduziu nos 1960, enquanto inchavam velozmente nossas metrópoles. De repente — sim, foi um susto — a desigualdade de pesadelo da tragédia sociopolítica brasileira explodia na prosa com uma violência nova. Se a obra do autor de *A coleira do cão* envelhecerá bem ou mal, ou quanto já não estaria envelhecendo, tudo se pode debater; o inegável é que ela antecipou na consciência nacional um choque, um estupor, uma paranoia e um desalento que viriam a se impor como panorama mental corriqueiro nas décadas seguintes, à medida que conflagrações cada vez mais ásperas se espalhassem pelo dia a dia do país, sobretudo nas grandes metrópoles.

O pai do advogado Mandrake foi, disparado, o escritor que projetou a maior sombra sobre a minha geração. Dos meus amigos e colegas nos anos 1980, cinco em dez imitavam o sujeito; dois tentavam imitá-lo sem conseguir, e os outros três eram poetas.

A influência vinha das gerações anteriores — me lembro de ouvir Sérgio Sant'Anna falar dele com grande admiração — e se estenderia à seguinte. Laub, onze anos mais novo que eu, declarou naquela entrevista de 2010: "Meus primeiros contos eram bem derivados do Rubem Fonseca. Até personagem delegado acho que tinha. Um amigo para quem mostrei esses textos disse o óbvio: que aquilo soava muito artificial, o que de alguma forma eu achava também (só não sabia ainda por quê)".

Cogitei chamar meu primeiro livro de *O homem que matou Rubem Fonseca*. Acabei trocando para *O homem que matou o escritor* não só por razões legais e de bom gosto — que seriam suficientes —, mas também porque no meio do caminho o conto-título virou outra coisa. Não duvido que a primeira versão tivesse vendido mais, mas a segunda é superior. Ainda assim, matar meu pai escritor foi o que me senti fazendo ao escrever aqueles contos. Embora a influência de Fonseca seja mais perceptível nesse do que em qualquer outro dos meus livros, também é ali que sua superação é buscada com mais afinco. Depois, uma vez conseguida, foi algo em que não precisei pensar mais.

O que a gente faz na fase da imitação — ou, para sermos menos duros, da influência excessiva — é descobrir em qual tipo de voz, de dicção, de tom, de sintaxe nos sentimos mais à vontade. Qual expressa o que temos de melhor para dizer — seja lá o que isso for. Nenhum dos modelos vai nos dar nada pronto, mas alguns são caminhos mais promissores do que outros, e ir descobrindo essas afinidades — enquanto vamos roubando truques técnicos de todo mundo para equipar nossa oficina — é todo o aprendizado. Tempo de exercitar a mão.

Esse jogo de imitação de vozes me parece inevitável, e pode ser bem divertido, mas é uma fase que será preciso superar. No fim, até o mais talentoso e realizado dos imitadores deve descobrir qual é a sua voz se quiser ir em frente.

COMO ENCONTREI A MINHA VOZ

Em 1994 aconteceram duas coisas muito importantes, uma para o Brasil, a outra para mim: o Plano Real controlou a hiperinflação e eu cheguei sem saber como, meio sonâmbulo, à voz que venho usando desde então para escrever ficção. Dito assim parece esotérico, quem sabe pretensioso, mas não sei dizer de outra forma. Na época eu tinha 32 anos e escrevia ficção — digamos logo — ruim. Mal batiam na página, as palavras estavam mortas; um horror. Um dia encontrei numa gaveta certa frase datilografada que, escrita cinco anos antes, eu nunca mais tinha visto: andava arquivada, era um rascunho que decidira abandonar. Contudo, lida e relida agora, continuava viva na página.

Viva? Minha impressão era que, quanto mais a lia, melhor ela ficava. O que era aquilo? Foi um espanto, e talvez eu me sentisse tentado a chamá-lo de "epifania" se essa palavra não andasse tão abusada. Mas antes que o excesso de expectativa pulverize qualquer chance da pobre frase de impressionar alguém, diga-se logo qual era ela: "Fui abandonado por Flora (e que a humildade dessa voz passiva pulverize os que sempre me pintaram como bastião do porco-chauvinismo, embora isso importe muito pouco agora) no meio de uma mononucleose".

Hesitei antes de reproduzir e comentar aqui a frase inaugural da minha carreira, a primeira do primeiro conto (tanto na ordem de escrita como na edição final) do meu primeiro livro, *O homem que matou o escritor*, de 2000. O que me levou a hesitar foi o risco de um mal-entendido.

Que fique muito claro: não acho que essa frase — como o conto a que ela deu origem, "O argumento de Caim" — tenha alguma qualidade especial. É só uma abertura competente de ficção, como tantas; uma sequência de palavras que dá vontade de continuar lendo ou, pelo menos, não é hostil à leitura. "Fui abandonado por Flora." ("A marquesa saiu às cinco horas", como zombava Valéry.) Para mim, naquele momento, foi o que bastou para abrir a porta de uma nova dimensão de escrita, e anos mais tarde — agora — eu tento entender por quê.

Topei com a frase entre uma infinidade de outras, no entulho de velhos papéis. Sempre fui adepto de negligenciar a lata de lixo e engavetar escritos, mesmo os abandonados, ainda que meros rabiscos. No alto de uma lauda de jornal, a frase cintilava na tipologia elegante da Hermes 2000, máquina de escrever que eu tinha comprado num brechó da rua do Lavradio, no bairro carioca da Lapa, para ver se o fetiche de um instrumento charmoso podia fazer algo por minha inapetência criativa. Os computadores pessoais ainda eram meio raros em 1989, mas máquinas como aquela — igualzinha, eu descobriria anos depois, às de Sylvia Plath e José Saramago — tinham ficado definitivamente passadistas. Mais tarde, copiei a frase em meu 386 e nele acabei de escrever o conto, mas nunca tive dúvida de que a Hermes 2000 (que, por coincidência, trazia no nome futurista o ano em que sairia *O homem...*) foi parte fundamental da história. Tenho ela até hoje.

Na lauda, depois da frase havia uma breve tentativa de desenvolvimento — equivocada — e em seguida o silêncio, o espaço em branco, a página quase toda vazia. Me lembrei do momento em que tinha escrito aquilo, tarde da noite no apartamento de Laranjeiras onde morava então. Recordei ter batucado nas teclas sem pensar muito, distraído, me deixando levar pela música da linguagem e seu poder de sugestão. Não tinha a menor ideia de quem fossem aqueles personagens, nem Flora nem o sujeito marrento que narrava a história (o embrião da história). Da mononucleose, sim, sabia a procedência — doença chata que peguei aos dezessete anos. No entanto, alguma coisa ali me seduzia. O quê?

Julguei reviver a sensação que tivera ao escrever, mas ao mesmo tempo a frase parecia escrita por outra pessoa. Me senti zonzo. Era um milagre: nenhuma daquelas palavras soava falsa. Pelo contrário, eu estava fisgado, precisava saber o que vinha depois.

Nessas horas, o único jeito de saber o que vem depois é seguir a receita de Marguerite Duras: "Escrever é tentar descobrir o que escreveríamos se escrevêssemos". Recarreguei a Hermes com a mesma lauda quase vazia e emendei mais algumas linhas naquele tom; uma intriga romântica começou a se esboçar.

Depois copiei tudo no computador e puxei o fio até ter um conto inteiro, um conto tragicômico e violento, passado em 1978, sobre o que se poderia chamar de ocaso do macho e de toda uma cultura boêmia da Zona Sul carioca; depois disso, veio outro na mesma veia, e logo um terceiro. Não há dúvida de que a frase sobre Flora e a mononucleose — escrita sem pensar, encontrada às cegas — foi um divisor de águas na minha vida, mas o que aconteceu ali? Se foi algo profundamente pessoal, como tudo o que importa na escrita literária, talvez entender a forma dos acontecimentos tenha serventia para outras pessoas.

Tentando descobrir qual era a daquela frase, o que primeiro me chamou a atenção foi sua pegada de estilista, equivalente a uma ousada proclamação de pertencimento a determinada família estética. Eu sempre tinha gostado muito de grandes lapidadores de sentenças e imagens como Flaubert, Machado, Nabokov. No entanto, quem era eu? Numa clara defesa contra o excesso de pretensão, minha frase soava como a de um estilista meio histérico, bastante exibido e provavelmente autoirônico, que talvez não se levasse tão a sério. Com sua saraivada de aliterações explosivas com bilabiais — *passiva, pulverize, pintaram, bastião, porco, embora, importe, pouco* —, ele dirige a atenção do leitor de forma quase burlesca para o que acontecia no plano da linguagem, deixando o *como* da história em pé de igualdade (no mínimo) com o *quê*. A metalinguagem é, naquela frase-valise, frase-mundo, uma presença efusivamente lúdica — e vagamente sombria.

Bem, isso era o *como*. E o que era o *quê*? Uma autodepreciação dândi, pedante e bem fácil de confundir com autoexaltação, sintoma de um ego grande e ferido — prenúncio de uma tragédia? No fim tinha um gancho, um mistério que exigia solução: por que será que "isso" — que pode ser muita coisa, incluindo o que o mundo pensa do narrador e sua autodefesa — importa "muito pouco agora"? O que aconteceu entre o momento em que Flora o abandonou e o momento da escrita para que se desse a reviravolta? As coordenadas de tempo que se cruzavam ali — o passado (*fui abandonado*) e o futuro (*que... pulverize*) se articulando no ato da escrita (*agora*) — esboçavam uma trama, uma intriga, um mistério, um suspense.

Mais até do que tudo isso, que não seria pouco, o que a frase me dava era um tom, uma nota de flauta pela qual afinar a prosa. Que tom? Um certo ar de melodrama cruzado com tragicomédia que era uma clara contribuição de Nelson Rodrigues, cuja excelente biografia assinada por Ruy Castro, *O anjo pornográfico*, lida havia pouco tempo, estava bem viva em minha memória na altura em que encontrei a frase. Já na continuação daquele primeiro parágrafo, assim que prossegui na escrita, Nelson deu um jeito de se fazer personagem — o primeiro de uma série de monstros da cultura brasileira que eu ia trazer para dentro da ficção. O próprio Nelson, minha obsessão maior, voltaria em *O drible* e *A vida futura*.

DISTRAÍDOS VENCEREMOS

Aquela frase deu origem à sementeira de onde saiu quase tudo o que escrevi desde então. Curiosamente, a primeira semente não começou a germinar no momento em que nasceu, mas naquele, cinco anos depois, em que a reli. Uma vez tendo começado, porém, não parou mais.

Entre 1994 e 1999 escrevi uma série de histórias no mesmo diapasão, usando a voz recém-descoberta. A edição final de *O homem que matou o escritor* constou de quatro contos e uma novela, escolhidos em nome da coesão do livro. Um dos contos que ficaram de fora foi o embrião do meu título seguinte, o romance *As sementes de Flowerville*. Outro excluído, "Peralvo", sobre um craque de bola com poderes sobrenaturais, ia crescer ainda mais e se transformar, treze anos depois, em *O drible*. Um terceiro cortado, "*Vas preposterum*", esperou mais tempo ainda, mas emplacou em livro na sua forma original, sem a troca de nenhuma palavra, em *A visita de João Gilberto aos Novos Baianos*, de 2019.

Como eu disse, tudo isso é pessoal — daí minha hesitação ali atrás. E se essa história não tiver interesse para ninguém? Cada um que julgue por si. O que afirmo é que aquela frase me abriu um mundo — caminhos estéticos se descortinaram num relâmpago. Isso pode ser algo só meu, mas veja-se o modo como a coisa se passou. Quer dizer que é possível encontrar a sua voz literária prontinha e acabada, distraidamente, numa noite qualquer? Estamos falando da boa e velha inspiração?

Não gosto da palavra "inspiração". Todos os problemas mais difíceis com que já me defrontei ao escrever ficção foram resolvidos em duas etapas bem marcadas. A primeira feita de muito trabalho, tentativa e erro, sono perdido — e basicamente frustrante. A segunda, pura distração e abandono, quando o cansaço da primeira fase me levou a uma espécie de desistência e, aí sim, a solução se apresentou inteira, como se caísse do céu — às vezes até em sonho.

Se a isso o vocabulário convencional da criação literária chama "inspiração", paciência. Talvez a velha noção romântica tenha um miolo de verdade: quando um problema artístico é muito cascudo, o esforço racional não basta para resolvê-lo. A ideia de que a cada porção de inspiração devem corresponder nove porções de transpiração é um clichê. No entanto, quando pensa nisso, quase todo mundo imagina a inspiração como a lampadinha, a fagulha inicial da ideia, à qual se seguem os 90% de trabalho duro necessários para lhe dar forma: primeiro a inspiração, depois a transpiração.

O que eu apresento aqui é o oposto dessa ideia feita: primeiro vem a quebração de pedras, o esforço penoso e consciente que cria as condições para que a solução seja enfim elaborada longe da consciência — e se apresente a ela como revelação. Há uma frase famosa de Jack London que diz algo parecido: "Não se pode esperar pela inspiração: é preciso ir atrás dela com um porrete".

Eu estava na plateia da Flip em 2009 quando António Lobo Antunes contou no palco da Tenda dos Autores que, depois de horas escrevendo, quando a madrugada ia alta e ele não aguentava mais de cansaço, era bem então, mal acordado, que escrevia melhor, encontrando enfim o que buscava. Muitas vezes acontecia de jogar fora toda a produção das horas descansadas e ficar só com a prosa do cansaço. Cito de memória — e de coração —, mas não terá sido muito diferente o que disse o velho Lobo. Um elogio do cansaço como droga indutora de um estado de percepção alterado — e agora quem fala sou eu — em que a barreira do ego se fragiliza e o escritor vira uma espécie de cavalo de certo espírito coletivo da linguagem, dizendo coisas que não se sabia capaz de dizer e com as quais muitas vezes nem "concorda"; de todo modo, coisas que precisam ser ditas.

Precisam? Sim, é claro que precisam. Basta serem ditas para compreendermos na mesma hora que o mundo seria um lugar pior se não o fossem. E se esse reconhecimento não vier na mesma hora, que venha cinco anos depois: está valendo.

O QUE O XARÁ TEM A VER COM ISSO

No caso do conto que deu início à minha carreira, faltou contar um detalhe íntimo que pode ter sido decisivo na mudança de patamar que aquela história representa para mim. Relutei em embarcar aqui nessa evasão de privacidade, e se acabei decidindo fazê-lo foi por concluir que a discrição, embora admirável, é um valor relativo. Perde no caso da capacidade que tem uma historinha indiscreta de lançar luz sobre a tese central deste livro — a de que escrever literatura é uma atividade exclusivamente humana, mobilizadora tanto da inteligência quanto de outras dimensões da subjetividade, emoções e desejo incluídos.

No início de 1994, tendo terminado alguns meses antes meu primeiro casamento, comecei a namorar a Lili, uma editora carioca. Nossa história logo ficou séria, o que me criou umas complicações emocionais que eu não esperava. Aos trinta e poucos anos, nenhum de nós dois era adolescente mais, ambos tínhamos nossas cotas de experiências amorosas — normal. O problema é que, na bagagem da Lili, havia uma história importante, longa e saudosa vivida com o escritor Sérgio Sant'Anna.

E por que isso seria um problema? Mesmo tendo um temperamento competitivo, do tipo que me faz ficar meio triste quando perco um par ou ímpar, ser o segundo escritor chamado Sérgio na vida da minha namorada não me incomodaria de modo algum se eu me julgasse no direito pleno de reivindicar o título de escritor. Só que não era o caso. Aquela pergunta do juiz soviético a Joseph

Brodsky que vimos no capítulo anterior me soava mais terrível do que nunca: "Quem disse que você é escritor?". Ninguém, pois é.

Mesmo imaginária e unilateral, produto de uma constrangedora insegurança, a rivalidade sexual com um escritor de verdade realçava o meu fracasso. E tudo era agravado pelo fato de que eu admirava o xará, um dos grandes contistas brasileiros, e me orgulhava de, pouco mais de dez anos antes, ter sido seu aluno e monitor na Escola de Comunicação da UFRJ. E agora?

Eu seria desonesto se negasse que isso me motivou a alcançar na escrita de "O argumento de Caim" um nível de qualidade que até então me era inacessível. É claro que as condições estavam dadas por muitos anos de leitura e busca textual, experimentação, tentativa e erro. No entanto, tudo indica ter sido o desejo de impressionar a Lili, de mostrar a ela que eu era escritor também, o empurrão que faltava.

Quatro anos depois, para dar fecho e coesão ao meu primeiro livro, concebi a história de uma rivalidade literário-sexual entre o narrador e um certo Gabriel Ahlter, escritor de sucesso, que termina em tragédia. Personagens e trama não tinham objetivamente nada a ver com a Lili, àquela altura ex-namorada, ou com o Sérgio, de quem continuei amigo. A verdade é que só agora, ao me lembrar de toda essa história, me ocorre o elo subterrâneo entre o conto que abre e o conto que fecha — dando-lhe também o título — *O homem que matou o escritor*.

É humano ou não é?

4. Uma palavra depois da outra

> *Um bom escritor expressa grandes coisas com pequenas palavras; ao contrário do mau escritor, que diz coisas insignificantes com palavras grandiosas.*
>
> Ernesto Sabato

FIQUE ÍNTIMO DAS PALAVRAS

Melhor ser óbvio do que omisso: palavras são as menores unidades de sentido autônomo da escrita. Para escrever direito é preciso ter com elas uma intimidade pelo menos razoável.

Isso quer dizer, antes de mais nada, saber o que elas significam em estado de dicionário. O maior inimigo da boa vontade que temos para a leitura é descobrir que o autor usa "latente" quando queria dizer patente, "literal" para o que tem sentido figurado, "assertivo" por acertado, "infringir" por infligir etc. Essa intimidade básica com a língua portuguesa não será vista como mérito, mas como obrigação — o que significa dizer que sua ausência é desclassificante.

É o tipo de intimidade que se adquire com leitura. Visitas a dicionários são bem-vindas, mas mais recomendadas em caso de dúvidas específicas, busca de sinônimos e tal. E é a experiência prévia de leitura que nos dirá o que e onde procurar. Sim, há quem goste de passar horas a folhear compêndios de lexicografia, indo de uma palavra a outra como quem viaja a terras distantes. É claro que essa tara não faz mal a ninguém. Para a maioria das pessoas, porém, ler um bom romance — inclusive um daqueles que os críticos desprezam como puro entretenimento, desde que decentemente escrito — será mais útil, além de mais prazeroso.

Esse é só o nível mais básico da intimidade com as palavras. Como toda língua que não esteja morta muda de feição o tempo todo — devagar, mas infalivelmente —, tão importante quanto conhecer as acepções dicionarizadas das palavras é saber que nuances e sutilezas elas carregam lá fora neste momento. Nenhum idioma vive apenas dos vocábulos que os lexicógrafos já carimbaram. Observada a adequação ao contexto, muitas vezes é preciso dar uma ajuda a esses profissionais e pôr um novo termo em circulação "culta" para que acordem. Há também os casos em que o narrador é do tipo que enfileira gírias do momento, que jamais chegarão aos dicionários — e é evidente que tem o direito de fazer isso, embora seja bom levar em conta que o uso de vocábulos efêmeros tende a deixar um texto literário rapidamente datado.

Ainda não basta. Há algo fundamental que podemos chamar de "ouvido". O ouvido capta ritmos, contornos melódicos, entonações que estão soltas no mundo — coisas que são de agora também, mas não só. Estejamos conscientes disso ou não — e por razões óbvias é melhor estar —, palavras vibram a maior parte de seus brilhos, ecos e ressonâncias na câmara do passado, na história da língua e da cultura em que se inserem.

Entrevistando certa vez o escritor israelense Amós Oz, ouvi

dele uma imagem que nunca esqueci — a do hebraico moderno como uma catedral construída na Antiguidade ("os salmos e profetas estão todos lá"), na qual um escritor contemporâneo, ao tocar órgão, pode inadvertidamente soar notas bíblicas fora do lugar e "conjurar ecos monstruosos".

Aquilo me deixou pensativo. Me ocorreu que, guardadas as proporções, o mesmo pode ser dito de qualquer língua que tenha um patrimônio literário digno de nota. Claro que estamos falando mais uma vez da importância de ler, mas a intimidade com as palavras toca numa dimensão cultural ainda mais profunda — num repertório de referências que vai além da literatura e inclui muitas camadas geológicas de canções, cantigas de roda, quadrinhas populares, ditados, expressões idiomáticas, trocadilhos, bordões humorísticos.

É por isso que, por mais que estude e domine uma segunda língua, é tão difícil para um escritor trabalhar nela com a mesma desenvoltura que tem em seu idioma natal. (Sim, a prosa suntuosa de Nabokov não perdeu nada, e talvez até tenha ganho, quando ele trocou o russo pelo inglês, mas casos desse tipo são raros.)

No caso da língua portuguesa brasileira, é impossível ler as palavras "marcha, soldado" sem responder mentalmente "cabeça de papel", enquanto toda pedra que surgir no meio do caminho fará piscar na margem da página a silhueta magra de Drummond. É melhor que tudo isso esteja nos planos de quem escreve.

Se merecem atenção e carinho, as palavras não são ainda, isoladamente, a alma do negócio literário (o das palavras cruzadas, sim). Pensando na escrita como um trabalho que mistura o do arquiteto com o do mestre de obras, vamos concluir que palavras são tijolos. Para que as paredes subam sólidas e regulares, os tijolos precisam ser de boa qualidade, uniformes e em número suficiente. No entanto, seu papel principal é dar forma a estruturas maiores nas quais, se tudo der certo, eles desaparecerão. E aí aparece um primeiro problema.

Até por impaciência, pois escrever demora, é comum que o pecado número um de um texto imaturo seja tentar dizer tudo antes da hora, na forma de palavras grandiloquentes, especiais. Palavras mágicas, "poéticas", como tijolos decorados ou pintados de ouro. É o que o escritor argentino Ernesto Sabato denuncia na epígrafe ali atrás quando fala em dizer "coisas insignificantes com palavras grandiosas".

O tijolo dourado é traiçoeiro porque, parecendo muitas vezes *bonito* no plano da frase, e portanto bom, costuma ser uma traição à história — e portanto ruim. Encontrar o tom mais adequado àquilo que se narra é um dos primeiros desafios da ficção. Seco? Lírico? Irônico? Emotivo? Erudito? Brutal? Trágico? Burlesco? Uma mistura de duas ou mais dessas cores? Como o tom vai comandar a história inteira, determinando seu grau de sucesso, precisa ser levado em conta em todos os estágios do processo, do micro ao macro, desde o plano da escolha vocabular até o do desenho geral da trama.

Ocorre que, quando começamos a escrever uma história, o mais comum é que ainda estejamos tateando no escuro — ou "dirigindo com neblina à noite", na boa metáfora de Doctorow. Escolhemos palavras no varejo, mas o tom que elas conjuram deve dar conta de segurar o projeto no atacado. No departamento dos erros que surgem nessa fase, talvez o mais comum seja o excesso de ênfase, do qual o tijolo dourado é só um exemplo. Em seus conselhos de deliciosa crueldade, Wisława Szymborska se estende sobre esse tópico:

> É completamente normal o desejo do autor de que aquilo que ele escreve cause no leitor uma impressão inesquecível. Às vezes existe apenas o problema da escolha dos meios estilísticos que

devem evocar essa impressão. Não é a primeira vez — provavelmente já são setecentas e oitenta e nove vezes — que advertimos que o uso de termos exagerados enfraquece a coisa toda ou produz um efeito totalmente indesejado pelo autor. Na sua narrativa, aparentemente ocorrem coisas apocalípticas: alguém "esmaga" a maçaneta com a mão, embora, em vez disso, devesse dizer apenas que ele apertou com força a maçaneta. O trem, é claro, dispara "como um louco" — quer dizer então que logo teremos uma catástrofe? Que nada, logo descobrimos que ele chega à estação e, além disso, com atraso. O vento "sopra furiosamente", alguém sente "o inferno" dentro de si, a moça na estação está em pé "como uma estátua de dor", e, para ser mais terrível ainda, é uma estátua "atingida por um raio". E depois acontece de todos estarem vivos, andando, comendo, constituindo família e absolutamente nada aconteceu.

PRECISÃO É MAIS IMPORTANTE QUE CORREÇÃO

Manuais de redação clássicos, sobretudo os de corte jornalístico, costumam trazer conselhos categóricos sobre a escolha dos vocábulos. Recomendam dar preferência aos curtos sobre os longos, aos de uso comum sobre os raros, aos substantivos concretos sobre os abstratos etc. O fato de serem manjados não quer dizer que esses toques não sejam excelentes, e em grande medida úteis para quem escreve ficção — ainda que nem de longe infalíveis ou suficientes.

Se a margem de manobra estilística do ficcionista é incomparavelmente maior que a do jornalista, resta o fato de que suas escolhas vocabulares devem ser as mais justas, sem sobra ou falta, para conjurar o tom que melhor servir à história; o que não exige menos, mas mais rigor. Caso se queira expressar um transbordamento, isso deve ser feito na medida certa. Se o narrador for uma pessoa transtornada e suas palavras, desconexas, a coisa vai funcionar melhor quando a desconexão estiver traduzida em termos exatos. Mesmo a vagueza fica mais vaga quando expressa com nitidez.

Tijolo no muro, a palavra só poderá ser julgada certa ou errada — casos grosseiros de inexatidão à parte — no contexto da frase, da cena, do capítulo, da história como um todo. E assim adentramos o fascinante território da precisão, qualidade que têm certas palavras — as palavras certas — de vestirem as ideias como uma malha justa, segunda pele através da qual a ideia exibe suas formas com perfeição, quase como se já não fosse a ideia de uma coisa, mas a coisa mesmo.

Um aspecto intrigante do vocábulo justo — da *mot juste* que o perfeccionista Flaubert condenou gerações de escribas a transformar em objeto de culto — é o fato de, sendo uma das fundações do bem escrever, ser tão difícil de ensinar. Sua própria definição representa um desafio, e a segunda pele é uma metáfora desesperada que reconhece essa dureza. Identificamos a precisão quando a temos diante do nariz, mas em que ela consiste?

Aqui é necessário afastar a ideia, folclórica mas nunca distante dessa conversa, da "palavra justa" como frescura e álibi para a paralisia do escritor — como parece ter sido muitas vezes para o próprio Flaubert. Se você está escrevendo um conto policial e não consegue se decidir entre "cadáver" e "corpo", jogue uma moeda para o alto e vá em frente, pelo amor de Chandler. A questão da precisão é mais séria e mais sutil do que isso.

Não é só na literatura: em termos de bom uso da língua em geral, a precisão vocabular conta mais do que a correção gramatical. No entanto, o senso comum se preocupa muito com a correção (que pode até ser literariamente indesejável, caso se busque reproduzir por exemplo um discurso oral ou inculto) e pouco com a precisão. É nesta, na adequação das palavras ao que se quer dizer, que um texto seduz. A correção opera negativamente, evitando que ele seja rejeitado — e pode ser providenciada por um revisor humano ou robótico. A precisão é positiva, propositiva. É quando você diz ou não diz a que veio — e ninguém poderá fazer isso em seu lugar.

Um cultor da simplicidade à moda de Ernest Hemingway ou Fernando Sabino vai dizer que é tudo muito simples: chame a casa de casa, a árvore de árvore, o gato de gato. Mas estará sendo simplório, porque o que funciona num texto hemingwayano ou sabínico pode ser um desastre em outros. O preciso aqui é impreciso acolá — a precisão está subordinada à totalidade do efeito pretendido. É quase como Calvinbol, o jogo de regras móveis em que o menino Calvin sempre dá um jeito de derrotar Hobbes (Haroldo no Brasil), seu tigre de pelúcia, nas tiras de Bill Watterson: se o narrador alucina, chamar a casa de gaiola, castelo ou nave espacial pode ter uma precisão de bisturi.

Outro problema da precisão é que muita gente a confunde com preciosismo, com o uso de palavras raras, "difíceis". Um leitor certa vez censurou um conto meu por citar uma máscara carnavalesca veneziana nariguda e não nomeá-la com a palavra justa em italiano: *nasone*. Ocorre que a narradora daquele conto, uma senhora idosa e simples, não falaria assim. Ser preciso não é encontrar a palavra justa em abstrato; é encontrar a palavra justa para determinada situação textual. É possível ser preciso com um vocabulário de 3 mil palavras e impreciso manejando 30 mil.

Em seu livro *Como funciona a ficção*, James Wood não fala exatamente de precisão vocabular. No entanto, ao abordar as metáforas, cita uma frase de Cesare Pavese que ilustra bem o que é precisão-no-contexto: o narrador de uma história ambientada numa aldeia isolada da Itália fala da lua amarela "como polenta".

Será que Pavese não tinha algo melhor, mais "literário" com que comparar a lua? Uma moeda de ouro, por exemplo? Não: os camponeses da sua história nunca tinham visto uma moeda de ouro, mas comiam polenta todo dia.

Se a precisão tem leis movediças regidas pela totalidade do efeito pretendido, é sobretudo dela — precisão — que depende o efeito para deixar a bruma das boas intenções autorais e adentrar esse país cobiçado, mas perigoso, chamado cabeça da leitora, onde palavra vira ideia que vira história.

ECONOMIZAR PALAVRAS OU ESBANJÁ-LAS?

Em setembro de 2023, Ruy Castro publicou em sua coluna na *Folha de S.Paulo* uma crônica intitulada "Escrever bem", na qual brindava os leitores com um bom toque: escrever é reescrever; reescrever é cortar:

> Reescrever consiste em expurgar o desnecessário. Se um adjetivo não servir de alimento ao substantivo a que se acopla, um dos dois está errado. E há os advérbios de modo que, automaticamente (epa, olha um!), se intrometem no texto e, geralmente (outro!), podem ser apagados sem prejuízo.

Não me ocorreria fazer nenhuma objeção a isso. Ocorreu a Julián Fuks, que respondeu uma semana depois em sua coluna no portal UOL com o artigo "Sobre escrever bem: uma declaração contra o império da simplicidade". E acabou por revelar um mundo que eu não suspeitava existir: o dos escritores que se sentem oprimidos pelo culto da concisão.

"Ninguém me dirá como escrever bem, nenhum tirano ditará quais palavras me cabe dizer, se meus verbos se insinuam antiquados, se meus adjetivos são invasivos e solenes, se meus advérbios alongam frases desnecessariamente", escreveu Fuks em defesa da liberdade da criação literária — que é sagrada mesmo, claro. Muita gente que conheço adorou essa crônica.

A polêmica é intrigante. Que tirano será esse que tenta proibir alguém de usar quantas palavras quiser? Onde está esse vilão numa cultura escrita de matriz ibérica que sempre foi palavrosa, na terra bacharelesca e cantante daquele outro Ruy, o Barbosa, e do verbo hermético como marcador de poder? Será que o lado opressor é o que defende a simplicidade e a clareza?

Acho que o foco da discussão merece ajuste. Sim, o elogio da concisão virou lugar-comum no século XX. Pode-se relacionar esse aguçamento da implicância com o desperdício vocabular a uma série de fenômenos, como a industrialização e a vida urbana. Parece claro que um papel central deve ser atribuído à disseminação de um dos produtos mais marcantes daquele tempo: a imprensa, com seu estilo textual objetivo e seco de matriz anglófona. Mas será que antes disso o poder de síntese não valia nada?

Caramba, se valia. Os poetas da antiga Grécia cultivaram a brevidade do epigrama. No início do século XVIII o inglês Alexander Pope, tradutor de Homero, pontificou em verso que palavras são como folhas de árvore: quando muito abundantes, podem esconder "o fruto do sentido". Em sua primeira versão, textos têm mesmo a mania irritante de vir com sobras — adjetivos supérfluos, advérbios nem se fala, frases inteiras que se limitam a reiterar uma ideia já explícita. Deve-se passar a faca sem dó em tais excessos, buscando dizer mais com menos.

Isso é diferente de dizer que apenas um estilo crocante tem lugar na literatura. Se o princípio que Ruy Castro enunciou em sua crônica é inquestionável para determinado tipo de escrita, a jornalística, no jogo da arte feita com palavras tudo se complica. Quando a linguagem precisa se justificar por si, vale qualquer coisa — desde que funcione.

Fuks enfileirou palavras para reafirmar o direito de enfileirar palavras e assinalar um domínio em que a liberdade não pode ser menos que absoluta; certo. Contudo, a busca da expressão justa continua a ser indispensável na hora de encontrar o que fazer com essa liberdade. O barroco dos excessos verbais também exige palavras precisas; mais precisas até, como num solo de heavy metal em que a técnica do instrumentista deve ser mais apurada quanto mais barulho ele fizer — ou então produzirá ruído.

O que mais me surpreendeu na polêmica foi sua grande repercussão nas províncias rede-socialistas que se poderiam chamar de "literárias". O episódio deixou a impressão de que nosso entendimento sobre a arte de escrever anda padecendo de alguns mal-entendidos.

A maioria dos comentários sobre o assunto se dividiu num Fla-Flu. Sim, esse é o destino de todas as discussões nas redes, nada de novo até aí. Ocorre que aquele Fla-Flu, ao separar os times por estilo — algo como Concisos F.C. contra A.A. Palavrosos —, não tinha como conduzir nenhuma das equipes à fase seguinte do campeonato. Na literatura, é tão possível escrever bem com palavras medidas, cristalinas, quanto jorrando turvas catadupas que levem a consciência leitora de arrasto.

Nunca é demais enfatizar que a concisão e a clareza têm, no jornalismo e em outros gêneros informativos, valor de ouro puro num país de cultura letrada pernóstica, no qual a linguagem turva sempre esteve a serviço da exclusão social. Contudo, a arte feita com palavras é igual a todas as outras artes nesse aspecto — qualquer regra que se tente impor a ela de antemão corre o risco de ser desmoralizada pela obra.

Seco ou derramado, é na leitura que um texto literário vai mostrar se funciona lindamente, se dá para o gasto ou, o que é bastante frequente, se só fica parado ali, morto, as palavras apodrecendo. É nesse sentido que eu defendo, contra alguns teóricos e seus repetidores, que "escrever bem" existe, embora nada tenha a ver com beletrismo nem possa ser prescrito como fórmula. A ideia de que escrever bem é escrever conforme um estilo ou gosto ideologicamente imposto não resiste ao exame da história da literatura: esses aspectos vêm sendo achincalhados há pelo menos um século por gente que escreve muito bem escrevendo "mal".

Escrever bem se enraíza em primeiro lugar na página, na tapeçaria de som e sentido, ritmos e silêncios, vírgulas e parágrafos. Com todas as suas imperfeições, a palavra escrita é a melhor tecnologia de traduzir pensamento, pelo qual faz aquilo que a notação na partitura faz pela música. Escrever bem é tirar o máximo proveito da sua capacidade de entrar em sintonia com o cérebro — e portanto com a imaginação — de quem lê.

Eis afinal a pessoa que vai julgar, soberana, se um texto está bem escrito ou não: a leitora. Como as leitoras são múltiplas e diversas, é natural que múltiplas e diversas sejam as frequências em que se dá a sintonia dos textos com suas ondas cerebrais. Por isso não faz sentido, fora do âmbito do gosto pessoal, discutir estilo, mas faz sentido discutir técnica: muita coisa pode interferir nessa sintonia.

"O escritor é uma pessoa que, mais do que qualquer outra, tem dificuldade para escrever", disse Thomas Mann. O que pode parecer só uma tirada engraçadinha se revela, em segunda análise, de grande riqueza. Como precisam levar em conta a dimensão estética da linguagem para criar aquilo que não tem existência fora dela, escritores inventam problemas para si mesmos. Tornam-se caçadores neuróticos de clichês, ecos indesejáveis, rebarbas, banalidade, imprecisão, redundância, sentimentalismo, ruído.

Tudo aquilo que as palavras, criaturas sociais, mundanas e rodadas, têm de sobra, mas na linguagem comum ninguém liga muito.

CRÍTICA E DEFESA DOS ADJETIVOS

Sempre achei que a campanha de difamação movida contra os adjetivos, como se eles fossem responsáveis por toda a subliteratura do mundo, errou a mão e avançou pelo terreno da injustiça. "Quando conseguir agarrar um adjetivo, mate-o", aconselhou Mark Twain, naquele que é um dos mais famosos na longa lista de insultos dirigidos à "palavra de natureza nominal que se junta ao substantivo para modificar o seu significado, acrescentando-lhe uma característica" (a definição é do Houaiss).

Adjetivos colorem o texto. Evidentemente, é possível criar um belo quadro em preto e branco, mas ninguém no mundo das artes plásticas chegaria ao extremo de condenar as cores como pragas. "Quando conseguir agarrar uma cor, mate-a!" é uma frase absurda. Aprender a usar todas elas, explorar suas harmonias, sim. Mas para isso é preciso que estejam vivas.

Entende-se de onde vem a má reputação dos adjetivos. Por definição, eles têm uma tendência maior à futilidade do que os substantivos que escoltam: pendurados nestes, que trazem a substância no nome, são no máximo adjuntos, nunca a atração principal. Certo discurso beletrista — que ainda hoje há quem identifique ingenuamente com a própria linguagem literária — abusou tanto deles que acabou por dar à classe inteira uma fama suspeita.

Grande parte dos clichês literários é composta de adjetivos ornamentais grudados viciosamente a determinados substantivos: quantos "cavalos fogosos", "lágrimas quentes e abundantes", "aromas inebriantes", "verdades aterradoras", "indefectíveis bengalas" e "silêncios sepulcrais" são necessários para deixar o cidadão desconfiado de que os adjetivos têm um pé — ou mesmo os dois — na cafonice? Cafonice que costuma redobrar quando, com base em ideias equivocadas sobre "efeito poético", o narrador inverte a ordem dos fatores e manda uns "fogosos cavalos".

Talvez isso ainda não seja o pior. Se o apego ao adjetivo clichezento é um estágio primitivo da sensibilidade literária que qualquer aprendiz menos tonto supera logo, a troca do adjetivo automático pelo inusitado, escolhido para provocar estranhamento, apresenta riscos mais difíceis de driblar — principalmente o risco da afetação. "A moda de hoje é o adjetivo eciano", escreveu Monteiro Lobato. "Aquele 'cigarro lânguido' do Eça fez mais mal à nossa literatura do que a filoxera aos vinhedos da Champagne." (Filoxera, para quem não sabe — eu não sabia —, é uma praga devastadora para videiras.)

Mas qual será o problema do "cigarro lânguido", caso clássico de condensação e transferência em que a languidez de quem fuma contamina o próprio objeto? Para Lobato, bom discípulo da secura da prosa americana do século XX, o problema eram os excessos que o gosto do escritor português pelos adjetivos catados com pinça teria estimulado em autores menores: "Nos grandes mestres o adjetivo é escasso e sóbrio — vai abundando progressivamente à proporção que descemos a escada dos valores", garantia Lobato. "Um jornalistazinho municipal, coitado, usa mais adjetivos no estilo do que Pilogênio na caspa." (Cumpre esclarecer, embora isso em nada faça avançar a causa dos adjetivos, que Pilogênio é um velho tônico capilar.)

A paixão de Eça de Queirós pelos adjetivos costuma ser resumida numa frase famosa: "Há seres inferiores, para quem a sonoridade de um adjetivo é mais importante que a exatidão de um sistema... Eu sou desses monstros". A tirada é do personagem

Carlos, de *Os Maias*, mas a citação costuma ser atribuída ao próprio autor — uma imprecisão que não deixa de fazer sentido.

O capítulo em que Carlos da Maia diz isso começa assim (negritei os adjetivos):

> O dia **famoso** da soirée dos Cohens, ao fim dessa semana tão **luminosa** e tão **doce**, amanheceu **enevoado** e **triste**. Carlos, abrindo cedo a janela sobre o jardim, vira um céu **baixo** que pesava como se fosse feito de algodão em rama **enxovalhado**: o arvoredo tinha um tom **arrepiado** e **úmido**; ao longe o rio estava **turvo**, e no ar **mole** errava um hálito **morno** de sudoeste.

Bonito? Que seja, mas excessivo para uma sensibilidade contemporânea. Eu, que também gosto de adjetivos, cortaria meia dúzia. Isso não significa dar razão a Lobato na quantificação reducionista — quanto mais adjetivos, pior o escritor —, que no limite nos imporia uma dieta de substantivos puros. Essa fetichização dos substantivos pode levar o desavisado a acreditar que, atendo-se a eles, seu texto jamais escorregará no clichê, no convencionalismo embolorado, na comédia involuntária — como escorrega este:

> Ao sair da igreja, num impulso, Teresinha deu ao mendigo o dinheiro que trazia na bolsa. É o que Cristo faria, pensou. Jejuaria aquela noite, mas isso não importava, porque aquele homem que tinha o céu por teto e a lua por lustre enfrentava mais sofrimento em um dia do que ela em uma vida. Lágrimas inundaram os olhos do mendigo e, transbordando, desbravaram trilhas na sujeira de suas faces. Teresinha percebeu que ele tentava balbuciar um agradecimento, mas a voz era um fiapo que os soluços afogavam:
>
> — De-eus... l-l-lhe... pa-pague!

Não adianta procurar um adjetivo nesse textinho piegas (que escrevi tapando o nariz); não há nenhum. Se fica assim provado que o número de adjetivos não é, em si, determinante de coisa alguma, acredito que um começo de sabedoria esteja em não demonizar os coitados. Examinando-os um a um, sem medo, veremos que não são todos iguais — pelo contrário. A variedade é quase infinita, mas é possível classificar os "desejáveis" em dois grupos.

No primeiro ficam os que são tão sensatos e carregados de informação relevante, formando com o substantivo uma unidade tão saudável e indissolúvel, que cortá-los seria aleijar o texto: "olhos *castanhos*", "folha *seca*", "manga *madura*", "literatura *contemporânea*". Como abrir mão deles? Como dizer de forma melhor o que está expresso numa frase como "Fulano acordou *gripado*"? Naturalmente, nem Twain nem Lobato matariam esses adjetivos. São os substanciais.

O segundo grupo é que correria riscos com eles: o dos adjetivos menos necessários à primeira vista, aqueles que, embora possam ser dispensados sem que o texto perca o sentido, iluminam de tal forma o conjunto que limá-los seria um ato de lesa-arte. É a estes, os falsos supérfluos, que o escritor deve dedicar sua mais carinhosa atenção.

Mas como identificar os falsos supérfluos no tumulto em que se acotovelam os substanciais, os clichezentos, os afetados ("O chá *violáceo* o reanimou"), os redundantes ("Sua resposta foi *fria, gélida, impessoal*"), os chochos ("Ela soltou um gemido *débil*"), os ornamentais ("Presenteou-a com um *magnífico* buquê de rosas")?

Não há receita de bolo: nunca há. Examine o texto, corte palavras, ponha-as de volta — durma em cima do problema quantas noites forem necessárias. A título de ilustração, vale lembrar aquela passagem de *Pnin*, de Nabokov, que James Wood cita com admiração embasbacada: a cena em que o professor que dá título ao romance está lavando a louça e deixa escapar das mãos um quebra-nozes, que cai na pia "como um homem caindo do telhado".

Diz Wood: "Pnin tenta agarrá-lo, mas 'a coisa pernuda' [*leggy thing* no original] escorrega dentro da água". É o adjetivo cômico aplicado ao quebra-nozes, saudado como "brilhante", que leva o crítico ao orgasmo. Obviamente, Nabokov poderia ter escrito apenas que "a coisa" escorregava das mãos de Pnin: num plano superficial nada se perderia. Como era Nabokov, deixou o "pernuda" roubar a cena.

NÃO PERCA O RITMO

Se as palavras são os tijolos da literatura, a metáfora da construção civil começa a ratear já no passo seguinte: frases e parágrafos têm uma importância que vai muito além da simples acumulação, enfileiramento e justaposição de palavras. É em seu plano que o texto adquire — ou não adquire — ritmo.

Ritmo, cadência, pulsação. Não existe nada mais importante do que isso na hora de determinar se uma voz narrativa vai soar sedutora ou aborrecida ao ouvido interno da leitora. Uma completa ausência de noção de ritmo terá efeitos desastrosos sobre a paciência da nossa cobiçada personagem. Nesse caso, pouco resta a recomendar ao aspirante além de voltar à poltrona e ler, ler mais. Ler sobretudo poesia, antiga e moderna, versos metrificados e versos livres, de preferência memorizando poemas inteiros. Não existe exercício melhor para um prosador necessitado de desenvolver seu ouvido do que a leitura de bons poetas.

Também pode ocorrer que, embora o texto tenha ritmo, este seja monocórdio, chatinho — deficiência que parecerá se agravar depois de algumas páginas, pelo efeito cumulativo sobre a boa vontade de quem lê. Outro problema é a quebra súbita e não intencional de um padrão, a pedra que faz tropeçar — uma rima involuntária, frases em sequência iniciadas da mesma forma (digamos, por advérbios de tempo ou lugar), uma piada fora do lugar, uma construção que chega ao clímax cedo demais e então se alonga em informações secundárias.

Tudo isso terá sobre a leitora um inevitável efeito de esfriamento. Ela não gosta de descobrir que faz um investimento emocional (pois ler também é isso) em algo que o próprio autor negligenciou a tal ponto, dando-se por satisfeito com uma versão inacabada do livro. O ritmo é a espinha dorsal de um texto ficcional (e de todo texto literário, na verdade), aquilo que cumpre no plano das palavras o papel que a trama desempenha no da história — o de manter o interesse da leitora pelo que ocorrerá na próxima frase, no próximo parágrafo, na próxima página, e desse modo conduzi-la com segurança ao ponto-final.

Seria, claro, um descalabro prescrever ritmos narrativos ideais. A variedade rítmica da literatura é no mínimo tão grande quanto a da música. Como todos os seus outros elementos, o pulso da prosa está subordinado a cada história, ao efeito artístico geral que se busca obter.

Se a diversidade tende ao infinito, alguns truques simples costumam ser úteis na maioria dos casos. Ler o texto em voz alta é um recurso apreciado por muitos escritores: ao mobilizar o ouvido propriamente dito, acabam por identificar problemas que a leitura silenciosa não flagrava. Buscar certa variedade de cadência, alternando períodos de tamanhos e estruturas variadas, é um antídoto quase sempre eficaz contra a monotonia.

Convém ter cuidado também com o pecado oposto ao do desleixo formal — a mão pesada na marcação rítmica. Isso ocorre quando alguém está tão empenhado em tornar seus períodos impactantes que faz da prosa um desfile de frases de efeito, uma mais pronta que a outra para migrar da página para o Pinterest. Acaba por atingir assim outro tipo de monotonia — uma monotonia histérica, feita de excessos sem trégua, como na estética audiovisual de velhos videoclipes e mesmo de longas-metragens como aquele *Moulin Rouge* de Baz Luhrmann.

Além do fato de que todo ritmo é feito de tempos fortes e fracos, não se deve esquecer que, como vimos, o que manda é a história — a ela devem se subordinar todos os elementos da narrativa. Num texto ficcional, a fórmula lapidar faz no plano das frases o que o tijolo dourado mencionado ali atrás faz no plano das palavras. Não é que não possa ser usada (afinal, Tuposc), mas toda parcimônia nesse caso é pouca. Mesmo um belo aforismo como o da abertura de Liev Tolstói para *Anna Kariênina* — "Todas as famílias felizes se parecem, cada família infeliz é infeliz à sua maneira" — tenderia a soar postiço no tempo das infinitas galerias digitais de frases "bonitas" fora de contexto.

O parágrafo é outra coisa.

O parágrafo é importante pra caramba.

Pense na dramaticidade que se pode adicionar ao texto com uma mera quebra de parágrafo. Criam-se células rítmicas maiores. Há escritores que consideram o parágrafo a menor unidade da prosa de ficção, o que faz sentido. Uma palavra sozinha ainda não pode ser uma história, óbvio. Uma frase até pode, em microcontos como os de Dalton Trevisan ou numa frase longuíssima feito as de Proust (ou numa cheia de conectivos, mas esta na verdade é um monte de frases às quais se sonegam os pontos). O fato é que a possibilidade de uma história começa mesmo com o parágrafo.

Como o parágrafo é grandiloquente, não? Tem o poder de dar ritmo ao texto, realçar trechos, criar suspense, destacar *punchlines*.

Expressivo à beça.

Às vezes, dependendo do que se conta, expressivo até demais, caso em que sua vocação para a agilidade pode virar monotonia. Recomenda-se cuidado para não abusar dele.

* * *

E a pontuação? Um conselho importante que sempre dou a quem está começando essa jornada: aprenda de cor todas as convenções da pontuação e em seguida distribua suas vírgulas e pontos como lhe der na veneta; pode usar até ponto e vírgula, se fizer questão. Travessões também devem ser espalhados como você achar de orelhada que devem — e retirados de diálogos se assim lhe aprouver, substituídos por aspas ou por marcação nenhuma, a respiração do texto deixando claro quem diz o quê. Sim, reticências devem ser usadas com parcimônia, e exclamação, quase que só na fala de personagens; na voz do narrador, se acreditarmos em F. Scott Fitzgerald, é "rir da própria piada".

No mais, a pontuação do seu texto é sua — profundamente. É como você cifra a música cantada pela voz que narra, e a gramática normativa tem tanto a ver com isso quanto com a dívida externa do Brasil. Nunca deixe que revisores hiperativos, formatados numa normatividade que já era careta há cem anos, lhe digam o contrário. Examine as marcações deles, claro; pode acontecer de algumas daquelas tantas vírgulas que acrescentaram serem boas. A maioria, se você tiver pontuado com consciência e ele for um revisor hiperativo, serão arranhões sonoros e batidas atravessadas que você deve rejeitar. Não existe *uma* pontuação certa. A pontuação é ao mesmo tempo o acabamento de um texto literário e sua respiração, tão autoral quanto o que mais o seja. Lute por ela.

5. A história e a página

> *O ato de contar histórias revela o sentido sem cometer o erro de defini-lo.*
>
> Hannah Arendt

Chegou a hora de falar de algo que é ao mesmo tempo a maior das obviedades e o segredo mais bem guardado da história da literatura: TUDO O QUE ACONTECE NUMA HISTÓRIA ACONTECE PRIMEIRO NA PÁGINA.

Mais do que valor poético, a frase tem desdobramentos pragmáticos para quem escreve. Este capítulo trata dos que precisei descobrir para ir além da fase pantanosa do aprendizado em que, relendo o que tinha escrito vezes sem conta, até drenar a última gota de satisfação que pudesse ter sentido ao escrever, eu achava — constatava — que estava tudo fora de foco. Era comum que, mais do que contrariedade, isso me inspirasse uma espécie de aversão.

Fora de foco: a parte que era formalmente inquieta tinha ideias tolas, e as ideias que talvez pudessem prestar estavam soterradas por clichês; o que antes parecia um tom adequadamente grandioso soava agora balofo e brega; aquela aliteração que eu tinha achado brilhante se revelava no mínimo duvidosa — talvez até ridícula.

Eu trocava um pronome de lugar, corrigia *ira* por *cólera* e *segundo* por *conforme*, e não me sentia melhor por isso. Em algum momento o cansaço falava mais alto e eu enfiava aquele amontoado de palavras no fundo de uma gaveta — real ou virtual, a depender da quadra da história, mas isso não importa. O que importa é que logo — no dia seguinte, na semana seguinte, no mês seguinte — a luta recomeçava, sempre sem grandes avanços. A sensação de não saber sequer por onde principiar a corrigir o problema era uma constante.

Tanto a lógica das oficinas quanto o senso comum costumam dizer nessa hora que o problema está fora do texto. Se você não consegue fazer um personagem soar verdadeiro, é porque ele não está "bem resolvido" — hora, portanto, de imaginá-lo de novo, de imaginá-lo melhor, bater perna, conversar com pessoas que se pareçam com ele. Ou pode ser que o problema seja sua falta de vivência da rotina interiorana que busca retratar em sua história — e tome imersão em alguma cidadezinha remota nas férias.

É claro que tudo isso pode ser útil. Há mesmo uma medida mínima de amadurecimento da sua relação com o *material* do qual fará ficção, sem a qual não se recomenda sentar para escrever ainda. As ideias que você trará para a mesa de trabalho precisam ser boas, não só coerentes entre si e na relação com a realidade como interessantes para você e para o mundo lá fora. No entanto, digamos — e posso garantir que isso é desesperador de tão comum — que todos esses pré-requisitos estejam no papo, e mesmo assim o texto exale a artificialidade de um Frank Sinatra de IA cantando Peninha no Instagram.

Nesse caso, pode ter certeza de que o problema e sua solução se encontram no texto, na arquitetura do texto, no modo como os elementos da construção se organizam — som e sentido, forma e conteúdo, personagens e vocabulário, tema e ritmo, (a)(i)moralidade e divisão de parágrafos, tudo o que no fim das contas vem a ser a própria história. O pulo do gato é compreender que todas essas dimensões interagem, se escoram, se refletem. Como num quarto de espelhos, podem fazer a gente tomar umas pelas outras, meter os pés pelas mãos.

É por isso que você trocava palavras por sinônimos e nada melhorava: o problema que parecia estar no vocabulário estava, digamos, no protagonista — faltava evidenciar um traço da personalidade dele para fazer o vocabulário elevado original funcionar. Ah, então temos a prova de que, como querem alguns instrutores de escrita literária, o personagem é sempre o centro de tudo? De modo algum; isso é só mais uma trapaça daquele quarto de espelhos.

O problema pode não estar no personagem em si, mas no tom em que a narração em terceira pessoa o apresenta, na distância que toma dele, na relutância em mergulhar no seu fluxo de consciência. E se experimentássemos a primeira pessoa? E se trocássemos o tempo passado pelo presente? Quando aplicamos ao mesmo personagem — criatura ficcional dotada de uma mesma biografia e conformação sociopsíquica idêntica, posta diante do mesmo conflito — um tratamento mais íntimo, ou mais ácido, ou mais compassivo, tudo pode mudar da água para o vinho, do desenxabido para o vívido. Eis o mistério da ficção, que de misterioso não tem nada além da sua ofuscação solar.

O personagem não é uma pessoa de verdade. Seu conhecimento de física quântica ou história da arte não é um conhecimento de verdade. A culpa que ele sente por não ter conseguido salvar um amigo de infância do afogamento não é uma culpa de verdade. Embora assim deva ressoar na página, nada daquilo é verdadeiro: a história é apenas uma ilusão conjurada na consciência leitora por certo comboio de palavras, e a falsidade difusa que nos incomoda num texto mal resolvido pode residir tanto no íntimo de um personagem quanto nas vírgulas, tanto no encadeamento de fatos da trama quanto na atmosfera conotativa projetada pela escolha vocabular — embora uma combinação de tudo isso seja a aposta mais razoável, pois no fim das contas estamos falando de uma única e mesma coisa chamada texto.

Fora casos — bem raros — de encaixe imediato de todos os elementos de uma narrativa, escrever ficção é ir descobrindo e polindo o que era latente e bruto na primeira tentativa: pondo em foco o que a princípio você não enxergava direito porque não sabia bem o que estava fazendo. Digamos que se trate do imenso narcisismo do protagonista, se a falta estiver nele; ou da vocação cômica da história, se o problema for de tom; ou de alguma outra de tantas possibilidades. Você experimenta suas novas descobertas, acrescenta à trama a cena em que o narcisismo da criatura se revela ou imprime um sorriso de canto de boca à voz narrativa — ou quem sabe ambas as coisas — e pronto: o que era vagamente épico se torna nitidamente épico-irônico, e nesse instante toda fumaça de clichê se dissipa. Você lê e… gosta. Aquilo soa vivo. Seu coração bate mais forte: finalmente achou um caminho.

Trata-se agora de continuar a avançar na compreensão do que você tenta dizer — ou antes do que a história tenta dizer por seu intermédio. Que efeitos quer produzir aquela máquina de linguagem que você montou de forma mais ou menos consciente, mas sem o controle de todas as suas funções e variáveis. Aqui vem a calhar um lema que Margaret Atwood adotou em suas aulas de escrita criativa: "Respeite a página". A exortação, como eu a entendo, nos incita não só a dispensar ao texto nossa máxima atenção, enchendo-o de cuidados autorais, mas também a ter humildade para ouvir dele o que a linguagem sabe melhor do que nós.

FOGO GELADO E OUTROS OXÍMOROS

A escrita de ficção é oximorônica — fogo gelado. A conciliação de opostos que caracteriza o oxímoro pode ser identificada nela sob múltiplos ângulos. Habita dois tempos simultâneos; é escrita no passado e lida no presente; se for escrita no presente, só será lida no futuro. É uma verdade feita de fábula, um delírio medido; requer cálculo e sonho, desfaçatez e candura, marra e humildade, planejamento e acaso. Exige uma autoconfiança insana e uma autocrítica impiedosa. É pedra líquida, vento cristalizado; uma parte dela é só vertigem, outra parte linguagem, como disse Ferreira Gullar. É inteiramente inútil, mas nada vale mais do que ela. Sendo um jogo que se faz com a linguagem, só presta se for além da pura expressão da pessoa que escreve — e no entanto, por mais véus e máscaras que contenha, sempre termina por revelá-la. Assim, inventando mentiras, conta verdades que a verdade já não consegue contar.

O oxímoro — o contentamento descontente de Camões — tem muito a nos ensinar quando se trata de escrever ficção; não só no sentido da compreensão do ofício, mas também no de sua técnica.

Peço licença para fazer uma breve digressão linguística. Oxímoro, expressão em que convivem opostos, é uma palavra oprimida no Brasil. Tudo por causa de um quiproquó prosódico desnecessário, daqueles tão caros à alma nacional: *todas* as nossas autoridades gramaticais nos proíbem de pronunciar e escrever "oxímoro". Dizem que o certo é "oximoro", paroxítona, e fim de papo. O resultado é que o cidadão bem-intencionado, não querendo infringir a lei mas nada disposto a empregar palavra tão desgraçada e torta de alma como oximoro, prefere não usá-la.

Registre-se que a prosódia proparoxítona é pelo menos tão justificável quanto a outra, se não for mais. Sim, "oxímoro" é uma forma tão boa quanto "oximoro" — a primeira mais grega, a segunda mais latina. Em Portugal, os dicionários trazem as duas possibilidades. Tem hora que nosso bacharelismo pedante supera o do povo que nos legou esse tesouro.

A subutilização da palavra — e portanto também da ideia — é lamentável por várias razões, entre elas a de privar muita gente de uma boa metáfora para dar conta da vida em país tão oximorônico (paraíso infernal, inferno edênico, gigante anão, o tal um merda), num mundo não menos oximorônico de lixo luxuoso perpetuamente reciclado e elevado a potências maquinais.

Para os propósitos deste livro, o que nos interessa é o oxímoro como representação dos pares de opostos que proponho como auxiliares da nossa conversa sobre prosa de ficção: fogo gelado, máquina orgânica, presente diferido. (Sem falar na marra humilde que costuma ser um bom estado de espírito para manter uma pessoa motivada para trabalhar — mas desconfiada o bastante para não se contentar com pouco.)

Todos esses pares de opostos são inconciliáveis. O oxímoro é a melhor pista que temos, na linguagem, da possibilidade da sua convivência na mesa de trabalho de quem faz uso artístico das palavras para contar histórias.

O que chamo de fogo gelado junta numa só expressão os polos positivo e negativo que fazem girar o motor da escrita literária: controle e descontrole, razão e intuição, planejamento e acaso. Não consigo conceber ficção (não afirmo que não exista, apenas que não consigo concebê-la) feita só de fogo ou só de gelo.

O fogo nos convoca para a folia, para a dança lúdica de som e sentido, e é ótimo para explorar aquilo que sabemos sem saber que sabemos, aquilo que a linguagem sabe melhor do que nós (embora precise de nós para chegar à página). Para isso é preciso deixar a racionalidade em volume baixo — não muda, pois nada poderia ser escrito assim, mas em surdina. A escrita como exploração e descoberta, que começa sem saber exatamente aonde vai chegar, precisa de bastante fogo.

Enquanto isso, o gelo nos manda esfriar a cabeça, calcular, planejar, criticar, procurando um modo de transformar o esbanjamento solipsístico da folia em algo estruturado que tenha lugar no mundo das coisas lá fora — que represente algum valor para leitores de verdade. É na dimensão do gelo que entram os blocos bem editados, a troca de palavras por outras mais precisas, as releituras infindáveis em busca de excessos para cortar e pedras de tropeço para aplainar — enfim, todas aquelas tarefas cerebrais que costumam ser identificadas com o trabalho de um profissional do texto.

Ainda no tempo da máquina de escrever, com meus vinte e poucos anos, tive experiências divertidas com a escrita automática. Botava uma folha na Remington e saía em disparada, deixando a música da linguagem me conduzir por livres associações, aliterações e trocadilhos; depois de alguns minutos era hora de tirar da máquina a folha totalmente preenchida e pegar outra para pôr na máquina e continuar a batucar.

A velocidade da coisa era excessiva para que a racionalidade não tivesse tempo de se impor por completo, e assim o inconsciente — ou que nome tenha a dimensão mais profunda e menos racional da subjetividade — pudesse encontrar uma brecha para se expressar. Aí vinha (era essa a ideia, pelo menos) um fluxo surrealista de imagens no meio do qual, com sorte, a verdadeira criação haveria de se infiltrar. Ou nada disso, só vinha trololó, lábia, performance.

É curioso que nenhuma daquelas folhas datilografadas tenha sobrevivido. Acho que eu não teria vergonha de reproduzir um trecho aqui, caso existisse; a coisa tinha sua graça. Mas não se perde nada, aquilo era só exercício, investia tudo numa dimensão da linguagem que era pura vertigem, som puxando sentido. Investia no fogo: faltava por completo a disciplina do gelo.

Uma das principais diferenças entre a escrita de fogo e a escrita de gelo é a velocidade. Acionado o modo gelo, tudo fica lento. Demoramos diante de dois possíveis adjetivos: escuro ou turvo? Escrevemos um, depois o outro; lá se vão minutos, tardes inteiras. (Flaubert dizendo que passou a manhã cortando uma vírgula e a tarde pondo-a de volta.) O fogo apagou. O que era mesmo que tentávamos contar?

Ocorre que, na vertigem do fogo, também podemos nos perder. Que subtrama é essa por onde nos metemos? Não importa, vamos em frente, mesmo que o plano geral da obra não tenha nada a ganhar com esse monólogo interior de um gambá que decidimos intercalar numa história de amor adolescente.

Acredito que o gelo, sozinho, seja capaz de escrever muitas coisas — notícias, relatórios, pareceres, manuais, bulas, artigos jornalísticos e científicos —, mas não prosa de ficção que preste. O fogo em estado puro também pode ser suficiente para certos tipos mais imediatos de objeto literário, como poemas curtos e microcontos, mas dificilmente para engendrar poemas longos, contos propriamente ditos e romances.

Mais difícil do que conceber em tese essa conciliação de fogo e gelo é fazê-la funcionar, palavra após palavra, na sujeira da mesa de trabalho. Aprender a combinar essas dimensões opostas talvez tenha sido o que precisei aprender de mais importante para conseguir transformar a velha vontade de escrever livros, sonho de criança, em livros. E nesse sentido poucas coisas me ajudaram tanto quanto a ideia de máquina orgânica, de texto montado a partir de elementos vivos.

MÁQUINA ORGÂNICA

Como em tudo o mais, não há regras fixas aqui, mas no meu caso vim a descobrir por tentativa e erro que um grande empecilho à criação de arcos narrativos interessantes, também conhecidos como boas histórias, era o vício de escrever numa suposta ordem definitiva. Quando descobri o que para alguns talvez seja óbvio, que a ordem da escrita não precisa ter relação alguma com a da leitura, foi como se uma névoa se dissipasse diante dos meus olhos, deixando as engrenagens que movem a narrativa não apenas visíveis, mas acessíveis, prontas para serem manipuladas em benefício do texto final.

O relato mais radical que já encontrei sobre um método de escrita desvinculado da forma final do livro foi o de Michael Ondaatje. Numa entrevista do fim do século, o autor de *O paciente inglês* contava escrever sem plano algum, deixando-se levar pelo poder encantatório das palavras e pelo prazer de desentranhar delas o fio de histórias que ele não tinha como saber àquela altura aonde iriam dar, numa espécie de distração proposital — na verdade cultivada com afinco.

Só bem mais tarde, relendo o copião de inúmeros fragmentos assim acumulados, ele buscava no conjunto padrões que pudessem ser editados numa história maior, cortando aqui e esticando ali para colar as partes, escrevendo novos trechos a fim de preencher lacunas. É claro que, em tal método, o início de uma história pode ser a última coisa a ser escrita — mas essa é uma decisão que se toma na hora da edição, como um cineasta na sala de montagem.

Ler o relato de Ondaatje me ajudou muito. Não só me tornei cultor desse modelo — embora menos radical do que o autor canadense, pois gosto de partir de uma ideia geral de história, mesmo que ela mude bastante depois —, como acredito que nem teria conseguido terminar um livro como *O drible*, que me tomou nada menos que dezessete anos, se escrevesse apegado à ideia de ordem final. A cena de abertura do romance, em que pai e filho veem e reveem o videoteipe de uma jogada de Pelé na Copa de 1970, me ajudou a entender e estruturar a história que eu queria narrar — mas foi escrita por volta do décimo quarto ano de trabalho.

Não se trata, óbvio, do único jeito de escrever ficção. Acredito que isso dependa do temperamento de cada pessoa, e já conversei com pelo menos um escritor que me garantiu seguir um método de igual radicalidade no sentido oposto: Valter Hugo Mãe disse que escreve uma palavra após a outra, do começo ao fim do livro, na ordem definitiva e respeitando de tal modo a organicidade do texto que, em caso de insatisfação com o resultado após o ponto-final, não se retorna a ele a fim de aprimorar as partes mal resolvidas — em vez disso, volta-se à estaca zero para dar início a uma nova tentativa, palavra por palavra, sem sequer consultar a anterior. As versões da história assim produzidas, segundo Mãe, podem ser várias antes que se dê o trabalho por terminado.

Temos então dois polos, representados aqui por Mãe e Ondaatje: o texto orgânico, que precisa brotar da semente da primeira frase para ir se desdobrando como uma planta até atingir seu tamanho final; e o texto montado como uma máquina de fazer sentido, em que as peças podem ser manufaturadas separadamente e combinadas mais tarde. O método Mãe se dá no ato, exige dosar fogo e gelo num só gesto, sem que um elemento se sobreponha ao outro gerando desequilíbrio, ou mesmo sem que um anule o outro — algo que, confesso, com muita frequência não fui e ainda não sou capaz de fazer.

É aí que mostra o seu valor o método Ondaatje: a visão da escrita como a montagem de um artefato, empreendimento cerebral, só que a partir de peças quentes forjadas vertiginosamente. Ao separar a escrita de ficção em dois momentos marcados, produção e edição, o primeiro regido pelo fogo e o segundo pelo gelo, ele nos permite criar regras de convivência entre esses dois elementos.

Ninguém precisa escolher um polo ou outro. O mais provável é que a maioria se valha de modelos mistos em que entram medidas variáveis de texto orgânico e texto montado (é claro que o texto montado trabalha com pedaços de texto orgânico, o que complica tudo). Quando se tem clareza suficiente sobre o tom da narrativa e o ponto de chegada da história, o método orgânico pode ser simplesmente natural, além de poupar trabalho. Há quem considere também só ser possível escrever determinadas passagens cruciais com a necessária convicção — e consequente poder de convencimento do leitor — se um percurso narrativo coerente já tiver sido cumprido até ali.

Por outro lado, a montagem nos dá liberdade para explorar caminhos tateantes quando tudo ainda é dúvida e escuridão, para não mencionar a possibilidade de plantar subtextos, prefigurações e pistas de sentidos ocultos *de trás para a frente*, no momento da edição, a fim de tornar a narrativa mais densa e titilante para quem lê. Não é à toa que um dos modos consagrados de escrever literatura policial é conceber a história em sentido inverso ao da leitura, do fim para o começo — nesse gênero, o cuidadoso espalhamento de piscadelas ao longo da história, para que o desfecho pareça ao mesmo tempo inesperado e inevitável, é mais crítico do que na ficção em geral.

No meu caso, o caminho Ondaatje ajudou a resolver uma velha charada na qual perdi uns bons anos de impasse e cabeçadas no muro: o de como combinar na mesma frase, no mesmo parágrafo, na mesma página, o fogo e o gelo.

A FILOSOFIA DA EDIÇÃO

Num debate na Biblioteca Municipal de São Paulo com a presença de outros finalistas do Prêmio São Paulo de Literatura, em 2014, um rapaz na audiência nos perguntou — a Adriana Lisboa, Michel Laub e Flavio Cafiero, além de mim — o que pensávamos do "método" de escrita defendido por Edgar Allan Poe em seu famoso ensaio "A filosofia da composição".

Foi um prazer inesperado ver surgir ali, trazido por um leitor jovem, o texto de 1846 em que Poe explica passo a passo como escreveu o poema "O corvo". Trata-se de um velho favorito meu, talvez a maior ode da história da literatura ao gelo puro — ao planejamento meticuloso e à intencionalidade como os melhores conselheiros do escritor. Uma ode composta por um cultor de histórias fantásticas, sombrias, fantasmagóricas, associadas ao oposto do racionalismo solar que o ensaio defende.

Me lembro de recomendar ao rapaz que tomasse cuidado com "A filosofia da composição". Àquela altura, o fascínio que senti por esse texto quando o li pela primeira vez já fora temperado por ceticismo. Diz o escritor americano logo no início do ensaio que "O corvo" foi escrito "com a precisão e a sequência rígida de um problema matemático". E promete: "É meu desígnio tornar manifesto que nenhum ponto de sua composição se refere ao acaso, ou à intuição".

O debate sobre a sinceridade do autor ao dar a receita de bolo que o conduzira ao famoso poema do *nevermore* não chegou ao fim — nunca mais. T.S. Eliot foi um dos que duvidaram dela. Segundo os céticos, Poe teria feito, depois de pronta a obra, um exercício de racionalização para criar em retrospecto um "método" que desse sentido geral a decisões que, no ato da escrita, tinham obedecido — como sempre obedecem — a impulsos de natureza variada, um tumulto em que se entrecruzam momentos de cálculo frio com outros de intuição e até de simples acaso.

Tomá-lo pelo valor de face seria hoje uma ingenuidade, mas é divertido acompanhar o percurso de decisões estéticas desenhado pelo método de Poe — começando pela extensão e passando por efeito ("elevação"), tom ("tristeza"), estribilho, tema, ritmo, metro, uma coisa se desdobrando da outra com engenho e segurança. Ao especular logo de saída sobre o tamanho ideal de um poema "que, a um tempo, agradasse ao gosto do público e da crítica", ele chega, após algumas considerações, a uma medida em torno de cem versos. "O corvo" tem 108.

Mais do que apenas divertido, e apesar de provavelmente insincero e até mistificador, "A filosofia da composição" não é um ensaio desprovido de verdade sobre o fazer literário. Ocorre que exercitar a racionalização para inventar um plano que organize *em retrospecto* o caos criativo é, na minha experiência, a parte mais importante da brincadeira.

Não é preciso fingir que a clareza sobre o desenho geral da obra já existia antes da confusão da escrita para que ele, o desenho geral, tenha valor estruturante. Basta voltar, reescrever, descartar uma sobra aqui, calafetar uma brecha ali. E ser maleável para alterar volta e meia a planta baixa a fim de ajustá-la às exigências do terreno e do material de construção.

Entre projetar cuidadosamente um livro e se deixar levar pelo turbilhão das palavras, entre o cálculo e o jogo de dados, entre a vigília e o sonho, impossível escolher um lado. Seria até contraproducente: a guerra é dura demais para que se descarte qualquer arma do arsenal. O resto é edição, edição, edição — eis a verdadeira filosofia.

PRESENTE DIFERIDO

Chamo de "presente diferido" o ajuste entre o primeiro efeito das palavras — seu ataque, seu padrão rítmico, seu colorido simbólico, sua presença cortante na página — e o rastro de sentido que elas deixam para o restante da viagem, dando corpo a algo que só pode ser desenhado no tempo. Nesse campo se travam algumas das batalhas autorais mais decisivas. Simplificando um pouco, as relações entre *o que* se conta e o *como* se conta — dimensões interligadas a ponto de serem inseparáveis — podem se dar num leque que vai da concordância perfeita à dissonância radical, com as mais diversas harmonias pelo caminho. Encontrar o melhor encaixe entre uma história e o modo de contá-la é a tarefa mais importante — e muitas vezes a mais difícil — de um narrador.

A história de *Grande sertão: veredas* poderia tranquilamente ser narrada numa prosa neorrealista regional, violenta e seca como o cenário das aventuras de Riobaldo e Diadorim imaginadas por Guimarães Rosa nos cafundós do Brasil. Seria talvez a opção mais natural, e nesse caso é provável que o romance fosse lido hoje como uma interessante resposta brasileira ao western americano. Mas o ajuste-padrão entre forma e conteúdo não estava nos planos do autor. Sua linguagem idiossincrática, muitos furos acima do inverossímil, cria um universo verbal encantatório, ultraliterário, que após o estranhamento inicial se torna mais concreto do que a paisagem física da história. E assim Rosa elevou sua obra-prima à genialidade.

Bruno Schulz, tantas vezes comparado a Kafka, compartilha com o colega mais famoso algumas circunstâncias biográficas notáveis: ambos foram judeus meio assimilados, mas basicamente desenraizados, na Europa Central; homens de saúde frágil e vida sexual complicada; escritores expressionistas para quem o realismo, como provavelmente a própria realidade, era uma tediosa prisão. Em conversa com Philip Roth publicada no livro *Entre nós*, Isaac Bashevis Singer — judeu polonês como Schulz, embora escrevesse em iídiche — diz: "Quanto mais eu lia Schulz — talvez eu não devesse dizer isto — eu dizia: ele é melhor do que Kafka".

A meu ver, a diferença mais clara entre os dois escritores está no modo como tratam o ajuste entre — grosseiras palavras — forma e conteúdo, estilo e história. Em Kafka a linguagem mantém uma superfície lisa, sem sustos, próxima do tom cinzento dos relatórios, enquanto a narrativa enlouquece por baixo. Em Schulz o enlouquecimento poético da prosa é o próprio espetáculo. Os dois são alucinógenos, mas Kafka é uma substância injetável e Schulz, uma bebida de estalar a língua e lamber os beiços. (Roth observa ainda que "o indício mais forte de que os objetivos dele são diferentes é talvez o fato de que no livro de Schulz o personagem que se transforma em barata não é o filho, e sim o pai. Imagine Kafka imaginando uma coisa dessas! Fora de questão". Mas essa é outra história.)

O necessário amálgama literário entre *o que* se diz e o *como* se diz faz com que, muitas vezes, um problema que perdemos tempo tentando resolver no nível da frase não esteja ali, e sim no arco maior da história. Por outro lado, este, para se delinear de forma adequada, precisa que a frase, as frases estejam no mínimo bem resolvidas — e, em termos ideais, que pelo menos as melhores delas desenhem uma geometria fractal em que cada parte contenha a cifra do todo. De algo parecido, acredito, falava Flaubert ao dizer que "o estilo dá sustentação às palavras tanto quanto é corporificado nelas. É ao mesmo tempo a alma e a carne de uma obra".

Alma e carne: mais um par de opostos que se fundem na escrita. Alma carnal ou carne anímica é um oxímoro parente das justaposições que unem fogo e gelo, razão e intuição etc. Com a diferença de que o recado agora é mais direto para o que ocorre na página em seu tempo duplicado — aquele em que se escreve e aquele em que se lê. Forjado com palavras para servir à história, o estilo (a prosa em si) é também a mola que mantém as palavras saltando do papel ou da tela para a imaginação leitora. Quando uma história encontra um estilo e acontece deles se enamorarem, sai da frente.

UMA VOZ DENTRO DA CABEÇA

Quem narra? Dessa resposta vai depender basicamente tudo o que acontece numa história. Por que narra? O que o narrador (seja em primeira pessoa, o que basta para torná-lo imediatamente suspeito, ou em terceira, onde a sonsice é maior) quer provar? O que deseja esconder de nós? Qual é a motivação que o tira da inércia, do silêncio, para a caminhada da escrita?

O sentido humano desse esforço precisa estar de alguma forma codificado na história que se conta. Quem lê deve achar plausível — ou pelo menos não achar implausível — que alguém um dia tenha se disposto a contá-la, quando todo mundo sabe que dá tão menos trabalho não contar nada e em vez disso maratonar uma série, sair para tomar sorvete, tirar uma soneca. Da plausibilidade do esforço do narrador dependerá em boa medida a disposição para o esforço da leitura.

A primeira pessoa é, sem dúvida, a voz narrativa mais imediatamente acessível a principiantes (e, segundo Anne Rice, a melhor: "Usar um narrador em primeira pessoa é o modo como eu sei que vou escrever um livro com maior força e maior chance de sucesso artístico"). Faz sentido, porque estamos acostumados desde bebês a usar essa voz: eu, eu, eu. Contudo, nela o problema da implicação do narrador na história se agrava.

Muitas questões se levantam de saída. Quem narra é um dos personagens principais, implicado na história, ou alguém que observa tudo à margem, ou mesmo alguém que relata algo ocorrido com pessoas distantes? Pode-se confiar nesse narrador? Sendo um indivíduo, ele tem conhecimentos limitados sobre a história que conta, um ponto de vista parcial (mas isso se pode resolver com Tuposc: imagine um narrador divindade). Não sendo capaz de entrar na cabeça dos demais personagens, falta a esse narrador a visão do todo; a "verdadeira" história lhe é inacessível. Tudo isso sem mencionar a possibilidade de que ele seja desonesto mesmo. (Corta para o narrador homicida que confessa tudo no final de *O assassinato de Roger Ackroyd*, de Agatha Christie.)

Os poderes de saber tudo para tudo contar estão reservados à voz narrativa clássica da prosa de ficção: a terceira pessoa onisciente. Esta pode acompanhar de perto cada um dos personagens, entrar na cabeça de uns e outros ao seu bel-prazer. Vai para todo lado, dá voz a um monte de gente, situa historicamente os fatos, opina sobre tudo. De realização técnica exigente, é uma espécie, agora sim, de Deus — e, como Ele, entrou em declínio depois que Nietzsche decretou sua morte.

A terceira pessoa onisciente perdeu espaço na literatura séria ao longo do século XX, associada a narrativas ingênuas, e logo se viu quase inteiramente restrita a gêneros populares. O mundo tinha ficado relativo demais para a sua marra absolutista — o que a torna uma grande oportunidade, segundo aquela lei de revalorização dos recursos gastos. Ursula K. Le Guin a elogia: "A voz do narrador que conhece toda a história [...] não deve ser descartada como antiquada ou cafona. Ela é não apenas a mais antiga e a mais usada das vozes narrativas, é também o ponto de vista mais versátil, flexível e complexo que existe".

A terceira pessoa está bem viva, mas em grande parte das vezes já não sabe tudo: vem colada a um personagem e tem ponto de vista (quase) tão parcial quanto o dele. Será que se trata então de uma primeira pessoa que não ousa dizer seu nome? Uma derivação envergonhada da velha primeirona? Pista falsa. A terceira pessoa parcial, colada ao personagem, é diferente da primeira e diz coisas que esta não diria — basta pensar no amplo dial de distanciamento que pode ter do protagonista. Oferece desafios técnicos maiores também. Sofisticada e moderna, é a voz que deu à luz, tendo Flaubert como pai, uma tecnologia textual espantosa que hoje os escritores usam sem pensar: o discurso indireto livre.

Assim se chama a narração que abole os verbos *dicendi* ("disse", "afirmou") e outros que introduziriam pensamentos e atos dos personagens, incorporando-os ao próprio fluxo da prosa. Em vez de "Joana apertou o passo, pensando no jantar que estava atrasado", temos "Joana apertou o passo, o jantar estava atrasado". Essa pequena mudança leva a narração a flutuar entre a terceira pessoa objetiva e a subjetiva, entrando e saindo da cabeça do protagonista, vendo o que ele vê e pensando o que ele pensa ao mesmo tempo que o observa de fora. Embora o texto seja poroso à interioridade do personagem, não é este quem narra. É uma outra voz, uma voz impessoal ou que não se dá a conhecer (e nos casos em que se dá, como raras vezes ocorre perto do fim, descobrimos que se tratava o tempo todo de uma falsa terceira pessoa). Será então uma representante do próprio autor, da própria autora? Também não é o caso. Trata-se de uma voz artificial, uma criação refinada da tecnologia textual que a leitura de ficção nos dá de bandeja.

É possível, embora não seja fácil, fugir da narração tanto em primeira quanto em terceira pessoa. A segunda tem a vantagem de agarrar a leitora pelo pescoço e puxá-la para dentro do livro, mas não é recomendável para trechos longos — pesa bastante.

Em termos de taxonomia, acredito que falte falar apenas de uma pessoa narrativa: a rara primeira pessoa do plural, reminiscente do coro do teatro grego. Para conferir um uso exemplar dessa voz fascinante, recomendo *As virgens suicidas*, de Jeffrey Eugenides, romance que deve muito do seu encanto à narração pelo coletivo dos meninos da rua, vizinhos das irmãs Lisbon e porta-vozes de todos os adolescentes apaixonados do mundo. Atenção: Eugenides ambientou seu romance num subúrbio americano dos anos 1970. O senso comunitário cada vez mais esgarçado do nosso século não combina muito com a primeira pessoa do plural.

Foi seguindo um conselho de Autran Dourado (já se vê que gosto de escritores fora de moda) que aprendi ainda jovem um jeito de tentar dar vida a textos exangues: trocar seu tempo verbal ou a pessoa da narração — ou ambos. Ainda não era comum escrever em computador naquela época. O truque, se assim podemos chamá-lo, envolvia um bocado de trabalho: rabiscar tudo com caneta era o primeiro passo, mas em algum momento havia que alimentar a máquina com papel novo e datilografar o texto outra vez. Da primeira à última palavra. Trocando, por exemplo, "fui" e "tinha" por "vou" e "tenho". Ou por "vai" e "tem". E "minha" por "sua". Etc.

É claro que, tendo feito tudo isso, e ainda que a princípio satisfeito com as mudanças, nada impedia o angustiado autor-datilógrafo de se arrepender no dia seguinte. Por alguma razão ainda pouco explicada, a rotação da Terra tem muitas vezes o poder de transformar felicidade autoral em frustração. E lá se iam tempos verbais e pessoas narrativas de volta ao estado de origem, à custa de mais batuque nas teclas.

Divertido? Deve existir palavra melhor para qualificar aquilo. Havia algo de insano ali, mas mais tarde a função localizar/substituir do computador, eliminando a maior parte do trabalho braçal, tornou forçado falar em loucura. Hoje se tira de letra uma troca dessas até num romance de quinhentas páginas; claro que ajustes ainda precisarão ser feitos manualmente, em flexões e tal, mas é indiscutível que o texto se tornou mais plástico, o caminho entre a cabeça e a página encurtou, a vida ficou mais confortável.

Curiosamente, junto com toda essa facilidade parece ter vindo também uma valorização ingênua de certa "espontaneidade", ao lado da desconfiança de que exercícios formais como aquela dança de tempos e pessoas — entre outros — sejam perda de tempo. Para esses cultores da "expressão pura", escritores são diferentes de outros artistas, que precisam praticar e estudar seu ofício: já nascem sabendo tudo. E assim condenam como "falta do que dizer" a busca da coisa mais valiosa — uma forma interessante — que um texto literário teria de fato a dizer.

Claro que o problema de uma narrativa pode ser outro e ela continuar a mesma porcaria quando mudamos a narração da primeira para a terceira pessoa. Mesmo nesse caso, o exercício não terá sido em vão porque, ao brincar com o ponto de vista — o lugar onde se coloca a câmera autoral no metafórico set do filme que um dia vai passar na imaginação de quem lê —, estamos penetrando o coração dessa brincadeira e tomando posse daquilo que torna a literatura, literatura. Quem narra? Por que narra? Cervantes inventou o romance moderno quando inventou a voz irônica e autoconsciente encarregada de encenar a loucura de *Dom Quixote*. O resto é história — ou uma miríade delas.

O que todas as pessoas narrativas têm em comum é o fato de darem ao autor uma chave que abre algumas portas ao mesmo tempo que fecha outras. Nem todas as implicações são claras no momento em que se faz a opção. O ótimo *O encontro marcado*, narrado numa terceira pessoa colada ao ponto de vista de Eduardo Marciano, conduz Fernando Sabino a um impasse já perto do fim, quando é preciso dar ao leitor uma informação (sobre o filho abortado de Marciano) que o próprio personagem, alter ego do autor, não tem. A solução que o escritor encontra é trair por algumas linhas a voz do livro, sujando com um curinga sua canastra de resto perfeita.

O QUE VOCÊ ESTÁ TRAMANDO?

Na entrevista de Kurt Vonnegut que a *Paris Review* publicou em 1977, composta de quatro conversas espalhadas ao longo de dez anos, há um trecho em que o autor de *Matadouro 5* faz uma defesa da contação de histórias:

> Garanto a você que nenhum esquema narrativo moderno, nem mesmo a ausência de enredo, dará ao leitor satisfação genuína, a menos que uma daquelas tramas à moda antiga seja contrabandeada para dentro da história. Não defendo a trama como representação acurada da vida, mas como forma de manter o leitor lendo.

Perco (ganho) bastante tempo pensando no desenho da história, na intriga e na charada moral que ela recorta na consciência leitora. Como viciado em trama, sempre me espantou a crença entranhada em grande parte da crítica de que valorizar essa dimensão da arte narrativa é vício de literatura menor, comercial. À dita alta literatura caberia tratar a trama a pontapés ou deixá-la morrer de fome enquanto dispensa ao "puro trabalho de linguagem" — seja lá o que for isso — seus melhores esforços.

De fato, qualquer consulta às listas de best-sellers, quase sempre cheios de trama, comprova que o recurso goza de aprovação popular. Daí a menosprezar o enredo como província ingênua ou menos séria da arte vai uma grande distância. Ao tratar a estruturação de nossas narrativas como algo menor a ser resolvido porcamente, podemos fazer um mal tremendo à obra, deixando muitas vezes de dar desenvolvimento adequado a boas ideias.

É uma aposta estética, mas não será das piores, ir no sentido oposto e buscar um equilíbrio entre apuro da linguagem e estruturação da história — ou, melhor dizendo, um texto em que essas dimensões não sejam sequer distintas, uma vez que, como já vimos, não se pode separar forma e conteúdo na literatura.

* * *

Vonnegut identifica o desejo que move o personagem como o centro da trama, o ponto em que nela se cola o interesse de quem lê:

> Quando eu dava aulas de criação literária, costumava recomendar aos estudantes que fizessem seus personagens desejarem alguma coisa imediatamente — mesmo que apenas um copo d'água. Personagens paralisados pela ausência de sentido da vida moderna ainda precisam beber água de vez em quando. [...] Se você exclui a trama, se elimina o desejo de alguém por alguma coisa, você exclui o leitor, o que é uma coisa muito feia de fazer.

Não sei se a última frase, com sua generalização implacável, estará correta: como há leitoras de todo tipo, deve haver as que sentem prazer com histórias (vamos manter a palavra, à falta de outra) destituídas de conflito, desejo ou mesmo personagens, blocos de arte conceitual em que tudo o que se passa na página ocorre num plano formal. Excluir essa possibilidade também seria um erro: a liberdade precisa ser absoluta, ou nem liberdade será.

O que Vonnegut quis dizer, me parece, é que ao eliminar o desejo do personagem por algo que ele não tem, e portanto deve lutar para ter — ou tem, mas está ameaçado de perder —, elimina-se a condição básica para estabelecer com quem lê um pacto ficcional de identificação, suspense e (in)satisfação. É assim que a literatura conceitual, ou a que faz pouco da trama, deixa na mão uma maioria de pessoas que consomem literatura. Isso não vale só para o realismo, na fantasia é ainda mais forte: o personagem pode desejar — e acabar conseguindo realizar — feitos como se transportar para dentro de um videogame, cavalgar um unicórnio, visitar o Vale da Morte e voltar.

O desejo não existe sem insatisfação. O que é ótimo — problemas são bem-vindos, pois não há nada mais mortífero para a ficção do que a paz e a felicidade. Como ensinou Friedrich Dürrenmatt, "uma história não está terminada até que algo tenha dado extremamente errado". Mas depois dá certo de novo? Pode ser que sim, ou não. Fica a nosso critério atender ou desatender as expectativas criadas pelas convenções ancestrais da arte narrativa. O que não podemos é ignorar que essas expectativas existem. São muitas vezes canhestras, gerando histórias previsíveis, mas existem. Existindo, podem ser subvertidas a favor de uma história esperta, capaz de ter efeitos interessantes sobre a pessoa que lê. Eis uma tarefa em que o escritor robô, rei dos clichês, é especialmente inepto.

REVIRAVOLTA E ARCO NARRATIVO

Quando Aquiles se demora em sua tenda, amuado, recusando-se a guerrear por estar magoado com o rei dos gregos — e deixando os seus tomarem uma sova de Troia, nem era com ele —, o que o herói deseja é duplo: vingar-se de Agamenon pela desfeita sofrida e derrotar os inimigos troianos. A tragédia é que seus dois desejos se opõem e se anulam, ameaçando transformá-lo no oposto de um herói: um ressentido, um bundão. Até que, por injunções dos deuses e para nossa alegria, Aquiles finalmente cai matando na guerra e muda o seu rumo — e o da *Ilíada*.

O desejo do personagem principal, ao interagir de formas interessantes com o desejo dos outros personagens, entre atritos e acomodações, é o fulcro da arte ficcional. A literatura de dois séculos para cá — a realista, a moderna e a pós-moderna — complicou o esquema ao infinito: o copo d'água que o personagem deseja pode ser imaginário ou de veneno; ele pode preferir morrer de sede, tomar uma coca-cola ou ser submetido a humilhações indizíveis por pagodeiros vestidos com a camisa do Vasco. O certo é que o desejo do personagem por algo que ele não tem — sem que precise estar ciente dessa falta — não pode deixar de existir. É o que o faz parar em pé na página, arriscar um passo à frente, dar vida a uma frase — e olha a leitora interessada na história.

Os arcos narrativos que podem ser montados a partir desse núcleo inicial de insatisfação/desejo são tantos — tão múltiplos e tão únicos —, que qualquer tentativa de falar de esquemas prontos é empobrecedora. A sequência de passos da famosa "jornada do herói" do mitólogo Joseph Campbell é interessante; a divisão da história em três atos proposta pelo roteirista Syd Field é interessante. Contudo, na minha experiência, essas e outras receitas narrativas são inúteis — e podem até ser nocivas — na hora de imaginar uma história que ressoe verdadeira na página.

Esta deve parecer ter se desdobrado organicamente, "com naturalidade", a partir dos conflitos iniciais que envolvem os personagens. Precisa avançar cena por cena, encruzilhada por encruzilhada, escolha por escolha, e de preferência ter um ponto de chegada em que eles, os personagens, se vejam modificados de alguma forma importante. É recomendável que os conflitos que os empurram até ali tenham relevância suficiente para justificar todo esse fuzuê, e também que as escolhas que eles fazem sejam coerentes (ou incoerentes de um modo significativo) com seus perfis. Veja-se que nada disso implica haver muita ação — os mesmos princípios valem para um percurso narrativo que se desenrole dentro da cabeça de um único personagem.

Ao longo desse caminho de desenvolvimento da história, a gente se depara o tempo todo com convenções da arte narrativa, saberes que nos precedem em séculos ou mesmo milênios. Falei de uma dessas convenções no capítulo 3, como uma boa arma anticlichê: o imperativo do sentido. A lei segundo a qual todo detalhe que se nomeia numa história significa algo — do contrário não estaria ali — leva cada palavra a pesar uma tonelada.

História é isso mesmo. A vida real é feita de uma infinidade de detalhes potenciais — palavras possíveis, palavras indizíveis, silêncios como buracos negros. A falta de sentido da realidade é humanamente insuportável, por isso escrevemos. Daí se conclui que contar uma história é hipersignificar detalhes, levando a leitora a caçar sentidos ocultos em cada linha. Caetano Galindo costuma dizer aos seus estudantes na Universidade Federal do Paraná que existe uma forma de lidar com a realidade como lidamos com a ficção: chama-se paranoia.

Uma decorrência fundamental do imperativo do sentido é o princípio conhecido como "pistola de Tchékhov": se uma arma for mencionada no início da história, antes do fim terá que disparar. Estamos falando de uma regra clássica da arte narrativa, enraizada talvez na pré-história, à qual o grande contista russo do século XIX calhou de dar nome por ter criado a imagem e dito que "se não for para atirar, a arma não deveria estar lá". (Curiosamente, seus contos muitas vezes não cumprem o preceito, extraindo as harmonias ficcionais mais sutis do fato de o aguardado tiro não vir.)

A pistola é quente, porém. Se um personagem é apresentado no início da história como um grande nadador, isso o candidata a salvar uma pessoa do afogamento antes do ponto-final — ou, o que pode ser mais interessante, a se recusar a salvar alguém do afogamento, ou a tentar e não conseguir. Nas histórias mais previsíveis dos roteiristas de séries americanas — e como eles conseguem ser previsíveis, nossa —, a pistola pode tomar a forma do diário íntimo cheio de confissões comprometedoras da jovem protagonista, que ao aparecer em cena deixa claro que logo será violado e lido por todos, comprometendo a moça; ou ter o jeito da revelação de que o protagonista matou um homem na adolescência, criando a necessidade dramática de botar o sujeito diante da perspectiva concreta de matar outra vez.

Nas histórias de tipo mais "sério", menos previsíveis, a pistola nos dá a oportunidade de frustrar de modo interessante certas expectativas — e outras não. Também fornece âncoras para que a gente fuja do assunto, faça digressões aparentemente gratuitas, deixe pontas soltas de propósito como melhor forma de emular o efeito bagunçado de vida como ela é — sem que a história caia por terra e sem que a leitora tenha como saber, antes do ponto-final, quais armas vão disparar e quais não vão. É divertida ou não é a pistola de Tchékhov?

Também pode gerar previsibilidade, automatismo, tédio. Existe um limite a partir do qual o excesso de recursos de estruturação narrativa — paralelismos, contrapontos, prenúncios, ocultamentos, reviravoltas — corre o risco de tornar a história formulaica e, tirando-lhe a fluidez literária e humana, pôr a nu as intenções do autor em seu papel de manipulador das emoções de quem lê. Foi mais ou menos essa a acusação que James Wood fez a Ian McEwan — talvez o grande mestre contemporâneo da *peripeteia*, da reviravolta — num ensaio de 2009 para a *London Review of Books*. Em sua mesa na Flip de 2012, o autor de *Na praia* se defendeu: "Manipular o leitor é o prazer principal. Não se trata de sadismo. Ao me acusar de manipulador, o que James Wood faz é me acusar de ser romancista".

O debate é interessante: num certo sentido, todo ficcionista é mesmo um manipulador, pois narrar é escolher o que contar, o que sugerir e o que esconder. No entanto, é claro que isso pode ser feito com maior ou menor proveito ou honestidade artística. O virtuosismo técnico do autor de *Reparação* é tão grande que às vezes, confesso, tenho vontade de aplaudir a página; o mesmo não pode ser dito de grande parte das reviravoltas e surpresas que pululam por aí. (Registre-se, por justiça a Wood, que o crítico excluiu esse romance soberbo, um dos clássicos do nosso tempo, dos reparos que fez a McEwan.)

Assim como não é preciso que a arma mostrada no início da história dispare, sendo seu silêncio igualmente significativo, não é preciso encerrar o romance com aquele laço de fita oitocentista que Henry James chamou de "uma última distribuição de prêmios, pensões, maridos, esposas, bebês, milhões, parágrafos adicionais e comentários jubilosos". Contrariar as convenções narrativas também é tirar proveito delas. Frank Kermode, que lembra a frase satírica de James, observa que a *peripeteia* de Aristóteles na *Poética* — o ponto em que a leitora é surpreendida — "está presente em qualquer narrativa que apresente um mínimo de sofisticação estrutural", e ainda que "tem sido chamada de equivalente, na narrativa, à ironia na retórica".

Gosto de uma *peripeteia*. Talvez seja útil para alguém saber que a do último capítulo de *O drible* só me ocorreu de modo pleno quando quase dois terços do livro já estavam escritos. O truque, claro, é fazer o *plot twist* parecer ao mesmo tempo espantoso e inevitável, uma surpresa que de alguma forma decorre logicamente da história narrada até ali. Nesse caso não passará pela cabeça de quem lê acusar ninguém de "manipulador".

TODA BOA HISTÓRIA SÃO DUAS

Contar e ocultar, mostrar e esconder, jogar luz e projetar sombra, desafiar a leitora a descobrir algo, dando-lhe pistas cifradas — isso é contar histórias. McEwan tem razão: condenar o ficcionista que investe na trama como manipulador é de certa forma condenar a ficção como um todo. Em seu ensaio "Teses sobre o conto", publicado no livro *Formas breves*, Ricardo Piglia resume assim o ponto de partida de suas reflexões sobre as histórias curtas: "Primeira tese: um conto sempre conta duas histórias" — uma ostensiva, a outra secreta.

A história 1, a evidente, deixa entrever ou pressentir "nos seus interstícios" a história 2, que ao irromper por fim na consciência de quem lê provoca aquele efeito de revelação ou epifania que se costuma esperar de um bom conto. Piglia recupera uma anotação rabiscada por Tchékhov (de quem não conseguimos escapar), embrião de uma história que o escritor e médico russo não chegou a escrever: "Um homem em Montecarlo vai ao cassino, ganha um milhão, volta para casa, suicida-se".

A história 1 — o jogo, a sorte, a euforia do enriquecimento — tem no subsolo a história 2, de desespero total, que conduz ao final inesperado e trágico. Piglia não diz, mas digo eu, que coube a J.D. Salinger escrever a história natimorta de Tchékhov em seu famoso conto "Um dia perfeito para peixes-banana" — com o deslocamento da suposta plenitude na roleta para a glutonaria suicida do peixe do título, que aparece no diálogo terno e bucólico de Seymour com a garotinha à beira-mar.

Deslocamentos e retoques autorais parecidos com esse fornecem parte da graça do ensaio de Piglia. Para explicar a diferença entre o conto tradicional, no qual a história secreta se revela inequivocamente no clímax, e o moderno, que complica o esquema sem chegar a superá-lo, o crítico conjectura o tratamento que alguns autores — Hemingway, Kafka e Borges — dariam ao argumento de Tchékhov.

Me arrisco a imaginar uma extensão do esquema de Piglia para além do conto. A superposição de uma história que é dada e outra que a leitora deve decifrar parece valer para a prosa de ficção em geral, qualquer que seja a extensão do relato; a história cifrada não difere muito daquele "centro secreto" de que fala Orhan Pamuk no capítulo 1. Acho possível que, sob o título "Teses sobre o conto", Piglia tenha escrito uma brilhante reflexão a respeito da arte narrativa em geral.

O PERSONAGEM TEM VIDA PRÓPRIA?

A primeira referência que encontrei à autonomia dos personagens literários me impressionou muito. Era adolescente, começava a pôr de pé o plano de escrever livros e fiquei boquiaberto ao descobrir que um escritor podia se declarar impotente diante do livre-arbítrio manifestado por criaturas que ele próprio tinha criado. Como assim — então não era o autor que mandava? A revelação constava de um dos prefácios que Erico Verissimo, meu primeiro ídolo literário, havia escrito para suas (ainda incompletas) "obras completas", coleção de capa dura azul que ocupava lugar de honra na estante lá de casa. Logo meu estranhamento dava lugar à reverência diante do supremo mistério da criação.

Não registrei na memória o momento em que mudei de ideia, mas me lembro de, alguns anos mais tarde, abrir um sorriso sarcástico toda vez que esbarrava — e esbarrava o tempo todo — num artigo ou numa entrevista em que um escritor evocava o tal mistério, alegando que seus personagens só faziam o que bem entendiam e tal. Aqueles caras pensavam que estavam enganando quem com sua tentativa canhestra de mitificar e dar caráter quase divino a algo que era apenas fruto de trabalho, esforço, um conjunto de decisões racionais postas no papel? Sem mencionar o fato de que era bem cômodo jogar nas costas do personagem, criatura feita de nada, uma responsabilidade — política, ética — que era do escritor e de mais ninguém.

Demorou um pouco para que eu começasse a entender que aquela história de autonomia dos personagens nada tinha de papo furado — embora se prestasse, sim, a diversas estratégias de romantização do fazer literário, miasma que parece inerente ao meio. As razões pelas quais é assim não são esotéricas, mas sensatas e explicáveis. Vou tentar explicá-las.

A discussão sobre o que vem a ser um personagem de ficção é longa, animada — e inconclusa. De um lado fica a crença no personagem como uma espécie de pessoa de verdade, cultivada por quem quer se identificar com ele e exige que ele seja cheio de contradições, que seja "redondo" — e, ultimamente, cada vez mais, que seja também uma "pessoa legal", alguém que se possa tomar como modelo de comportamento. No outro extremo do arco fica a descrença total no personagem, postura de quem afirma que ele é um mero conjunto de palavras no papel — como se a própria literatura fosse outra coisa. Entre os dois polos, diversos graus de modulação são possíveis.

A primeira turma costuma citar o citadíssimo mandamento do romancista inglês E.M. Forster — o de que os personagens devem ser "redondos", tridimensionais, complexos, em vez de caricaturas planas e dotadas de apenas um ou dois traços convenientes para fazer avançar a trama. Muita gente toma isso como lei, a ponto de se ouvir bastante em oficinas que o personagem realista bem desenvolvido — aquele que tem sua história pregressa imaginada pelo autor nos mínimos detalhes, inclusive os que jamais serão convocados à página — é o centro de onde emanam e ao qual obrigatoriamente se subordinam todos os demais elementos da arte ficcional.

Não acredito nisso nem por um minuto, e se acreditasse não conseguiria explicar como vieram a se tornar alguns dos personagens mais inesquecíveis da literatura mundial criaturas feitas de dois ou três rabiscos, como o escrivão Bartleby e aquele infeliz

Gregor Samsa, enquanto tantos compêndios balofos de traços físicos, morais e biográficos, mesmo tendo sido um dia chamados de personagens, habitam o lixão das eras.

Um começo de explicação para tal fenômeno pode ser buscado nesta reflexão de Antonio Candido:

> Se as coisas *impossíveis* podem [na ficção] ter mais efeito de veracidade que o material bruto da observação ou do testemunho, é porque a personagem é, basicamente, uma composição verbal, uma síntese de palavras, sugerindo certo tipo de realidade. Portanto, está sujeita, antes de mais nada, às leis de composição das palavras, à sua expansão em imagens, à sua articulação em sistemas expressivos coerentes, que permitem estabelecer uma estrutura novelística.

As palavras de Candido podem ser lidas tanto como desdém à humanidade concreta do personagem quanto — o que é mais correto — como a constatação de que todas as dimensões da narrativa se interligam. A depender do texto, o personagem pode funcionar sendo mais ou menos tridimensional, mais ou menos esquemático. Duas únicas regras me parecem imutáveis nesse departamento: gaste tempo escolhendo o nome dele e, se for descrever sua aparência, faça isso logo. A leitora informada apenas no capítulo 5, depois de imaginá-lo dos pés à cabeça, de que o protagonista tem *dreadlocks* ou um olho de vidro vai ficar tão irritada que pode desistir do livro.

Chapados ou cheios de nuances, sensatos ou malucos, descritos de forma sumária ou exaustiva, o que acabei aprendendo é que os personagens, como todos os elementos de uma composição literária, sempre obedecem antes ao texto que ao autor. Isso parece um sofisma, mas não é. Minha ideia juvenil de que um escritor tem inteira liberdade — e portanto controle total — na hora de escrever era, em sua tentativa de combater o romantismo do "personagem autônomo", também uma noção romântica.

A liberdade total só existe enquanto a página está em branco. A primeira palavra já lhe tira um naco ao sugerir um tom. A segunda e a terceira começam a desenhar uma cena, um ritmo, um páthos. Cada palavra escrita reduz a liberdade autoral um pouco mais, subordinando as que virão à lógica das que existem até ali. Sim, claro que sempre é possível refazer tudo, voltando à página em branco, mas isso significa recomeçar o jogo e não mudar sua regra.

Não se trata tampouco de uma apologia da coerência absoluta ou da caretice narrativa: se a opção for pela incoerência ou pela fragmentação, também elas logo imporão suas leis. A regra é uma só: o texto manda cada vez mais, o autor cada vez menos. Chegando ao ponto final, o escritor não passa de um escravo que nada pode fazer além de pingar o ponto-final.

É nesse sentido que o personagem ganha autonomia. Não por ser uma entidade sobrenatural capaz de impor sua vontade ao autor, e sim porque o texto ao qual ele deve sua existência demanda que tenha certas ações e certos pensamentos em vez de outros, sob pena de o edifício inteiro, soando falso, desmoronar. Se o seu personagem jamais tenta fugir do que você planejou para ele lá no começo, quando grande parte das variáveis da sua história eram ainda nebulosas, comece a se preocupar.

A DANÇA DOS SENTIDOS

Alguns anos atrás, assisti a um espetáculo de dança que era puro imperativo do sentido — combinado, no caso, a uma superposição aleatória de detalhes. Nem sei se posso chamar aquilo de espetáculo de dança. Sim, era grande a variedade de movimentos graciosos, intrigantes, lentos e velozes, contidos e largos, todos extremamente plásticos, que ao som da música orquestral se oferecia aos meus olhos sobre o palco circular do teatro de arena.

Ocorre que os bailarinos não eram gente — eram sacolas. Sacolas plásticas ordinárias, de várias cores. Correntes de vento sopravam de fora para dentro do palco em toda a sua circunferência, posicionadas de tal forma que as sacolas ficavam aprisionadas ali numa gaiola de ar, e a música — não lembro qual, digamos que fosse Strauss — fazia o resto. As sacolas dançavam, brincavam de roda, engatavam pas de deux rodopiantes, desgarravam-se do resto da companhia em solos dramáticos.

Para minha surpresa, me peguei torcendo por uma rosinha tímida, antipatizando com uma verde-oliva autoritária, me emocionando com certas passagens, aqui sorrindo de alegria, ali contendo uma lágrima. Juro que eu tinha tomado só água mineral no almoço, era uma tarde de sábado com meus filhos. A sobriedade, porém, nada podia fazer diante do imperativo do sentido exposto a sacolas plásticas açoitadas pelo vento.

Tive a consciência de ser manipulado em minhas emoções mais primitivas de observador inclinado à empatia, e a certa altura me senti ridículo. Quem me manipulava? Sacolas plásticas? O artista que concebera a performance, escolhera as "bailarinas" e a música, posicionara os ventiladores? Nunca vi exemplo mais eloquente de como o ser humano é equipado neurocognitivamente para cair como um patinho nessa armadilha, *sucker* do imperativo do sentido. Ainda bem: não haveria ficção sem isso.

O desafio de quem escreve é fazer com que seus personagens sejam mais dignos de empatia aos olhos da leitora do que sacolas plásticas. Caso isso não seja possível, o empate é bom resultado.

Epílogo
Aqui só entra quem vai morrer

Não é possível existir o tempo sem uma alma (para contá-lo).
Aristóteles

A frase terrível, ἐνθαῦτα μόνος τεθνήξων εἰσβαίνει ("Aqui só entra quem vai morrer"), está escrita no pórtico das ruínas milenares de uma escola de artes na ilha grega de Delos.

Mentira, o parágrafo anterior é inventado. Não há escola, nem lema de grego antigo. Mas para isso serve a ficção: vamos imaginar uma escola de poesia e drama e música e pintura do tempo das lendas que exibisse sobre o portão de entrada esse dístico tremebundo: "Aqui só entra quem vai morrer". Embora, no contexto, a intenção fosse barrar deuses e deusas (mas seria a escola tão ousada?), o veto fundava com antecedência de mais de 2 mil anos a necessidade de fechar a porta a quem é mesmo imortal.

Estariam certos aqueles sábios de Delos ao profetizar que o escritor robô, por não morrer — e portanto não nascer, não envelhecer, não aprender a andar de bicicleta, nunca sentir fome, desejo ou cansaço —, é incapaz de escrever de forma artística? Ou estariam errados aqueles educadores barbudos ao afirmar que falta a tal escriba a sinceridade mínima necessária nessas horas — digamos, para evocar o cheiro de café que enchia a casa nas manhãs da infância, enquanto a avó guarani cantarolava "Recordações de Ypacaraí" com sua silhueta miúda de cabelos negros recortada contra a janela?

Não, o problema não é, como pode parecer à primeira vista, que a IA não "viveu" aquela cena: o ficcionista humano tampouco precisa tê-la vivido. O problema é que o robô não pode sequer começar a entender por si mesmo o que significa tal memória, inventada ou não, com sua mistura vívida e complexamente sugestiva, mas lacunar e desafiadora, de três sentidos — o café, a guarânia, a mulher. Seria preciso ter um corpo, para começar. Como ele não compreende a cena, é incapaz de fazer dela uso artístico que não seja um simples clichê.

A inteligência artificial generativa é aquele proverbial chimpanzé que, batucando numa máquina de escrever pela eternidade, acaba por escrever as obras completas de Shakespeare por acaso — só que melhorado. Continua "escrevendo" tanto quanto o símio da anedota, mas aboliu a necessidade do tempo infinito porque a dança das letrinhas que promove já não se guia pelo acaso, e sim por um poderoso cálculo de probabilidades. Fenomenal em velocidade de processamento e dono de uma memória de fazer inveja àquele personagem borgiano memorioso, o Funes — que também era uma besta e não conseguia pensar —, o robô tem uma espécie de GPS que o leva a navegar em nanofrações de segundo por um patrimônio textual de quintilhões de terabytes e encontrar as sequências de palavras mais usadas dentro de certos parâmetros, ou seja, mais apropriadas ao desempenho da tarefa posta diante dele.

Tendo achado essas sequências de palavras, ele, por assim dizer, as copia e cola. Passa longe de pensar e nem sequer escreve propriamente, na amplitude dos sentidos culturais e antropológicos que a palavra "escrever" ganhou ao longo da história. Junta signos que já foram unidos muitas vezes antes — quanto mais vezes, melhor.

Ou seja: em termos de linguagem escrita, de tessitura textual (para arriscar uma redundância monstruosa, mas acredito que funcional nesse caso), a IA é uma bela máquina de reproduzir clichês. O que produz só pode ser, portanto, antiliteratura, o oposto da arte feita com palavras.

Dito de outra forma, o grau de compromisso moral e emocional do robô com o texto é zero, apenas simulado; um reflexo, uma imitação. O que ele faz com as palavras é o mesmo que faz com as músicas e as imagens e o que mais houver nos salões dos museus e nos lixões de símbolos que a espécie humana acumulou em milhares de anos: guarda tudo e cataloga tudo, para tudo acessar. Nisso é incomparavelmente melhor e mais rápido do que qualquer inteligência biológica poderia sonhar ser. No entanto, não há pensamento ali, nem imaginação, fantasia ou humor. Não há hipóteses abrangentes, mesmo provisórias, que sirvam de moldura para o enquadramento do sentido. Não há abstração, intuição, intenção ou responsabilidade — nada daquilo que, se pararmos para pensar, é o que permite a formulação de um gesto artístico.

Vou voltar a esse ponto, que é fundamental — o que seria imprescindível para haver um gesto artístico. Por enquanto, vamos dizer que o robô pegou meu projeto de guia de escrita literária, deu-lhe uma banda violenta e uma meta cristalina que ele não tinha, porque não parecia ser preciso ter: compreender o que resta para nós, humanos, nos edifícios milenares carcomidos e já meio em ruínas da velha escrita. Um núcleo, um coração. Uma aldeia gaulesa de prosa caseira cercada por todos os lados de milhares de quilômetros de concreto dígito-industrial romano coruscando ao sol.

Esse lugar existe, eu sei. Só falta descobrir como se chega lá, o que ninguém sabe dizer ao certo porque cada um sempre inventou o seu caminho.

EU, HEIN, ROBÔ

Nasci em 1962, o que significa dizer que passei a infância imerso na cultura sempre futurista e no fim das contas lisérgica daquela década fantástica. Era fascinado por viagens espaciais, discos voadores, robôs. Os robôs não me metiam medo, não ainda: na minha cabeça infantil, os autômatos estavam mais para Rosie, a empregada dos Jetsons, rabugenta mas sempre leal, do que para HAL 9000, a IA assassina de *2001: Uma odisseia no espaço*. Era evidente que os robôs aliviariam a gente de todo o trabalho pesado no futuro, certamente antes do fim do milênio e talvez antes mesmo da invenção dos carros voadores. Então, livre de tudo o que fosse braçal, a espécie humana poderia se dedicar exclusivamente a coisas importantes e divertidas, como o trabalho artístico e intelectual, os jogos, o prazer e o ócio — o tempo todo.

É uma reviravolta e tanto que o robô, quando enfim se faz presente na vida cotidiana, tenha a proposta de nos aliviar do trabalho, mas não do braçal — que continua sendo basicamente humano, apesar da mãozinha dada pelos já velhuscos eletrodomésticos —, e sim do intelectual, artístico, lúdico.

A inteligência artificial generativa, produto de redes neurais capazes de *deep learning* e alimentadas com toneladas de big data, instaura uma crise que toca em aspectos profundos da linguagem em geral e da arte em particular. No processo, nos obriga a refletir sobre aquilo que, à exceção de alguns filósofos e cientistas da cognição, sempre preferimos tomar como dado. O que nos faz humanos? Como nossa mente funciona? O que é a subjetividade e como se constitui seu parente etimológico óbvio, o sujeito? O que significa contar histórias? O que quer dizer uma coisa ter sentido; haverá nesse sentido alguma substância, um núcleo metafísico ou moral, para além da pura convenção que a linguagem pactua?

O neurocientista português António Damásio expõe o enigma da consciência de tal forma que, mesmo sem falar especificamente de ficção literária, deixa claro por que a aldeia gaulesa parece segura por muito tempo ainda:

> Mesmo quando recorremos à simples e clássica definição de consciência encontrada nos dicionários — que a apresenta como a percepção que um organismo tem de si mesmo e do que o cerca —, é fácil imaginar como a consciência provavelmente abriu caminho, na evolução humana, para um novo gênero de criações, impossível sem ela: consciência moral, religião, organização social e política, artes, ciências e tecnologia. De um modo ainda mais imperioso, talvez a consciência seja a função biológica crítica que nos permite saber que estamos sentindo tristeza ou alegria, sofrimento ou prazer, vergonha ou orgulho, pesar por um amor que se foi ou por uma vida que se perdeu. O páthos, individualmente vivenciado ou observado, é um subproduto da consciência, tanto quanto o desejo. Jamais teríamos conhecimento de nenhum desses estados pessoais sem a consciência.

Em seu atual estágio de desenvolvimento, a IA nem pode ser considerada propriamente inteligente: é uma máquina de copiar coisas pinçadas no patrimônio da cultura, e nesse jogo é diabolicamente boa. Eu disse boa? Boa nada, vamos ser sinceros — assombrosa. De cair o queixo mesmo. Contudo, quando se diz que o robô é incapaz de compreender algo "por si mesmo", até isso é impreciso: não há "si mesmo" ali. O self, o sentido do eu que sustenta a cognição, é algo sobre o qual o saber florescente da neurociência ainda sabe pouco. Diz Damásio: "Se elucidar a mente é a última fronteira das ciências da vida, a consciência muitas vezes se afigura como o mistério final na elucidação da mente. Há quem o considere insolúvel".

Ninguém discute que hoje não há nada parecido com uma consciência de si na IA. Se haverá um dia, e quando, é motivo de grande discordância entre os maiores nomes da matéria: alguns dizem que a tomada de consciência — o momento bíblico em que o robô se tornará independente da vontade humana — é questão de poucos anos; outros, coisa para décadas; outros ainda, que nunca virá. Trata-se do momento mais aguardado pelos integrados e mais temido pelos apocalípticos do século XXI, para adaptar ao nosso tempo a nomenclatura cunhada nos anos 1960 por Umberto Eco ao falar das reações à cultura de massa; otimistas e pessimistas digitais, como são chamados hoje.

Por um lado, a questão que se coloca é fácil: qualquer pessoa que tenha uma relação amorosa com a literatura sabe, sem mesmo saber como sabe, que a IA aqui não entra. É algo intuitivo, indiscutível, uma espécie de dogma. Preconceito contra uma espécie diferente? Pode ser. Parece evidente, de todo modo, a primazia humana naquilo que se pode chamar de criação literária verdadeira, honesta, radical, capaz de dar cara renovada a temas ancestrais, formuladora de sentidos que iluminam novas configurações sociais, ligada à autodescoberta ou à expansão das fronteiras da linguagem, do tipo que faz as palavras brilharem na página como se fossem ditas pela primeira vez. Isso é óbvio, não? Bem mais difícil é explicar por que é assim — e por que provavelmente continuará a ser assim, enquanto houver humanidade, por mais vertiginosos que sejam os avanços robóticos no futuro.

Uma forma simples — falsamente simplista — de dizer por que a ideia de ler de cabo a rabo um romance literário inteiramente escrito por IA pode ser intolerável a uma inteligência natural: se ninguém se deu ao trabalho de *escrever* aquilo, de encaixar uma palavra na outra em longas teias de sentido, por que diabos eu me daria ao trabalho de *ler*? Só se pode ler o que um dia foi escrito; isso é o mínimo, o piso. Na teoria econômica marxista, o valor é criado pelo tempo investido na fabricação de um produto. Nesse sentido, qualquer romance escrito por um ser humano, ainda que literariamente falho, tem valor, enquanto as centenas de páginas cuspidas pela IA em poucos segundos valem tanto quanto uma bolha de sabão.

Eis por que, das tarefas textuais que os seres humanos desempenham há milênios, a escrita literária é o próprio paradigma daquela em que a IA não penetrará. Não pode por definição penetrar, mesmo que, no futuro, aprenda a manipular símbolos e supere o atual estágio primitivo denunciado por um de seus maiores críticos, o neurocientista e empresário americano Gary Marcus, fundador da empresa de aprendizado de máquina Geometric Intelligence:

> Os especialistas costumam escrever sobre os computadores serem "super-humanos" em um ou outro aspecto, mas de cinco modos fundamentais nossos cérebros humanos ainda superam de longe seus similares de silicone: nós compreendemos linguagem, nós compreendemos o mundo, nós conseguimos nos adaptar de modo flexível a novas circunstâncias, nós aprendemos truques novos depressa (mesmo sem grandes massas de informação) e conseguimos raciocinar diante de informação incompleta e mesmo inconsistente. Em todas essas frentes, os sistemas de IA não dão para a saída.

Que a verdadeira literatura não pode prescindir do fator humano é a tese que defendo aqui. O intuito não é humilhar robôs, mas abrir um caminho possível para acessar a "essência" (com perdão do palavrão) dessa coisa misteriosa que é escrever artisticamente. Um caminho que pode ajudar quem escreve a jogar luz sobre a atividade de manejar a matéria em geral meio escura, ligada a desejos ocultos e emoções sem nome, com a qual trabalhamos na ficção.

Fazer literatura, arte com palavras, significa escrever devagar, à moda humana — uma palavra, um espaço, outra palavra, outro espaço, uma dúvida a cada encruzilhada. Um produto que atende a uma fatia fina do mercado consumidor de textos, mas irreproduzível de outra forma. Escrever artisticamente é sondar palavra por palavra, com o olhar maravilhado de sequer haver palavra, aquilo que não se sabe. Trabalho potencialmente delicioso, mas pesado e não terceirizável, que obriga quem o faz a dirigir o foco de suas investigações em várias direções ao mesmo tempo: para dentro de si, para o mundo e para a linguagem (e aquilo que dela escapa); para o detalhe, para o todo e para o próprio ponto de vista — um olho no peixe, o outro no gato, um terceiro no inefável.

Chupa, robô!

LITERATURA É O CONTRÁRIO DE INFORMAÇÃO

Nos estudos literários, e não só neles, as "humanidades digitais" têm sido neste século um campo cheio de energia inovadora. No livro *A literatura vista de longe*, o crítico italiano Franco Moretti, um dos pioneiros da área, aplica à história da literatura técnicas de análise quantitativa que até então se sentiam mais confortáveis nas ciências exatas. Em vez do *close reading*, da leitura atenta, por que não compreender o fenômeno das letras por meio de uma leitura feita deliberadamente por alto, à distância, em busca de padrões?

Hoje a ocorrência de uma palavra ou conceito pode ser mensurada num átimo dentro da obra de um ou vários autores, de um ou mais países, de uma época, ao longo da história. Trata-se de mais um produto cultural da revolução digital, fundado no tsunami de digitalização e indexação de livros iniciado nos laboratórios do Google em 2002.

Um produto dos mais interessantes, não se discute. Pode-se encarar aquele movimento de codificar o patrimônio literário da humanidade em terabytes como um importante marco, entre outros, da história que nos trouxe até aqui. De repente, literatura também era informação — toneladas, cordilheiras de informação. Big data. Tudo muito democrático na superfície, mas nenhum leitor humano poderia dar conta daquilo, não sem recorrer à ajuda de computadores. Ou de supercomputadores. Só faltava uma versão de manejo acessível a leigos e comercializável da IA — e agora não falta mais.

No entanto, como sabe intuitivamente qualquer pessoa que um dia tenha chorado pela dor de um personagem que nunca existiu fora das páginas de um livro — choro deflagrado em geral por uma cena singela, pela escolha de determinado adjetivo, por um ponto-final pingado na hora certa —, o que acontece quando tratamos literatura como informação é que a literatura, bem, morre.

Não é que não tenha valor saber quantas vezes determinada expressão aparece em determinado livro ou nas obras completas desse ou daquele autor, dessa ou daquela escola, quando foi usada pela primeira vez e que curva ascendente — e depois descendente — descreveu seu emprego naquele conjunto de textos. Trata-se de uma ferramenta bem-vinda de história literária, um instrumento que permite um tipo de análise que em tempos analógicos nem podia ser feito, ou era feito com extrema dificuldade.

Contudo, convém reconhecer que a experiência mais profunda da literatura, aquilo que a caracteriza como manifestação irredutível a outras linguagens, não tem nada a ver com isso. Para lê-la de verdade é preciso que o leitor se renda aos seus próprios termos, uma palavra depois da outra, de preferência empregando nisso o corpo todo — sentidos, memórias, sensações. Ou seja: mais *close reading*, menos leitura à distância. Escanear um romance é muito diferente de lê-lo, como (não) sabia aquele personagem de Woody Allen que, tendo estudado leitura dinâmica, devorou *Guerra e paz* em quinze minutos e o resumiu: "É sobre uns russos".

Num ensaio publicado em 2012 no *Los Angeles Review of Books*, o escritor e crítico canadense Stephen Marche fez uma das melhores defesas que já li da ideia de que o problema com a "literatura vista de longe" é... a distância. Ele argumenta que as chamadas humanidades digitais têm um pecado de origem, de premissa: "A literatura não pode ser tratada expressivamente como informação. O problema é essencial, não superficial: literatura não é informação. Literatura é o contrário de informação".

Para Marche, isso se deve ao fato de que, por mais que a cultura digital tenha retalhado a biblioteca universal em incontáveis postas tagueadas para consultas avulsas e fora de contexto, na literatura "a compreensão continua sendo um produto artesanal". Referindo-se ao que escapa a uma leitura apressada ou superficial, ou seja, àquilo que respira na camada mais profunda do texto ou é projetado além dele como sombra fugidia — e que vem a ser justamente o mais importante —, o autor completa, em veia poética: "O sentido é cediço. O sentido cai aos pedaços. O sentido é frequentemente feio, cozido com os ingredientes da fraqueza e do fracasso. É tão humano quanto o corpo, cheio de reentrâncias e sujeito a doenças".

Anos mais tarde, reencontrei a ideia do corpo humano como território — ao mesmo tempo literal e metafórico — onde se dá a experiência literária no belo livro *Imaginação como presença*, de Lígia Gonçalves Diniz:

> A literatura oferece, de forma extraordinária, o potencial de disparar em nossas consciências uma infinidade de imagens, que despertam, por sua vez, reações corporais que nos conectam, fisicamente, com o universo ao nosso redor. A tensão entre esses efeitos e a busca ativa por sentido [...] define a leitura de literatura, seja na forma de poesia ou na prosa.

Bingo. Como já vimos, é aqui que a IA não consegue chegar. O simulacro de linguagem humana que produz mal esconde por trás da correção gramatical o fato de que ela é uma impostora que não tem corpo, reentrâncias ou doenças. Não se emociona, não imagina, não dói — nem por si, nem pelo outro. Em resumo, não nasceu e não vai morrer. Não existe literatura sem isso.

DO LADO DE FORA DA ALDEIA

Antes que se acuse a conclusão anterior de irrefletida, reacionária, ultrapassada ou — o horror, o horror! — *humanocêntrica*, é preciso esclarecer que nesse caso uso a palavra "literatura" em sentido restrito: muito do que circula no mundo com esse nome não cabe nele.

Trata-se de delimitar uma província que é, sim, inexpugnável ao poder da IA em seu estágio atual de desenvolvimento e provavelmente por muitos anos ainda, senão para sempre. Ocorre que isso não tem grande impacto no futuro da espécie: o território é pequeno, remoto, de população escassa. Talvez sua resistência tenha valor meramente simbólico — o de lavar a honra de uma espécie em pleno ocaso. Não seria pouco.

Tudo indica que a guerra pelos postos de trabalho no vasto mundo da escrita em torno da aldeia rebelde já tem vencedor. Teria vencedor ainda que o robô não estivesse aprendendo o tempo todo. Mesmo em sua versão rudimentar, a inteligência artificial generativa já é nada menos que um portento: um dos maiores prodígios tecnológicos da história da humanidade, ombro a ombro com a energia nuclear, a engenharia genética e a máquina de expresso. Nosso problema como espécie é que, se o escriba robô é uma extraordinária engenhoca de reproduzir clichês, o escriba humano não é muito diferente disso na maior parte do tempo.

Cerca de — aí vai chute — nove e meio em cada dez modelos textuais que compõem a paisagem de palavras faladas e escritas à nossa volta exigem apenas a capacidade de repetir os grupos certos de vocábulos, os clichês mais adequados a cada ocasião: mensagens de texto, posts de rede social, pregões de venda, propostas de trabalho, listas de compras, memorandos, requerimentos, relatórios, pareceres, escrituras, sentenças judiciais, manuais de instruções, lotes e lotes de textos acadêmicos derivativos, a maior parte das notícias ou mesmo dos artigos de opinião da imprensa e até, em grande medida, mensagens de cunho pessoal.

O ponto em comum entre essas modalidades textuais tão díspares é que nenhuma delas requer uma preocupação maior com a forma, mergulho na linguagem, invenção, investigação ou descoberta por meio das palavras. Nos gêneros do parágrafo anterior, as palavras escritas são só meio, nunca fim. E o fato — que seria até mais constrangedor se não fosse tão acachapante — é que o escriba robô se desincumbe melhor, além de incomparavelmente mais depressa, da maior parte das tarefas que gerações de escribas humanos vinham e vêm cumprindo ao longo da história, privilegiados e até meio metidos — poderosos detentores, numa sociedade majoritariamente inculta, da chave da palavra.

Uma gente — nós, que escrevemos e lemos livros — cujo número estava em crescimento robusto desde o Iluminismo até... ontem à tarde.

O impacto que isso terá em nosso tecido social é difícil de calcular com precisão, mas seria muita sorte se fosse menos que catastrófico. Em seu livro *Escrita e sociedade*, o linguista alemão Florian Coulmas conta a história de como a palavra escrita — que seus colegas linguistas desde Ferdinand de Saussure se habituaram a desprezar como secundária, versão engessada e institucionalizada da oralidade — veio a estruturar o mundo social como o conhecemos.

Coulmas recua até o Código de Hamurabi para afirmar que o texto gravado na pedra em caracteres cuneiformes na antiga língua babilônica por volta de 1772 a.C. — um dos tesouros de rapina do Louvre — era mais do que uma peça protojurídica. "Além de estabelecer um padrão de comportamento a ser observado por todos", escreve, o código "também oferecia um padrão para a língua babilônica, exemplificando a relação conceitual íntima entre gramática e lei." Essa frase é um farol que ilumina milênios.

Embora no tempo de Hamurabi o letramento fosse privilégio de pouquíssimos, como seria ainda por muitos séculos, a simples introdução da escrita na paisagem — e o autor é convincente na defesa dessa ideia — "mudou a maneira como as pessoas viam o mundo, mudou sua visão de mundo, mudou sua atitude rumo a uma consciência da língua e, em diversos aspectos, mudou a organização da sociedade". Da imposição da língua-padrão como questão de Estado à organização moderna do trabalho, que deixa nítidas as relações entre alfabetismo e desigualdade, o poder da escrita como forjadora de uma esfera pública se tornou mais claro a partir do Iluminismo e continuou ganhando relevo à medida que o letramento universal se firmava como meta oficialmente buscada — ainda que raramente atingida — por cada vez mais países.

No último capítulo de *Escrita e sociedade*, lemos que "a capacidade de produzir textos bem elaborados é um componente comercial do capital humano que alimenta mais pessoas do que jamais antes na história da humanidade". Isso é o que se chama envelhecer mal. Publicado originalmente em 2013 e dando conta de uma história que ao longo de milênios tinha lidado com o mesmo sujeito (ser humano) e o mesmo verbo (escrever), talvez o livro de Coulmas não tivesse mesmo como prever a brusca desvalorização de capital que a IA promoveria nesse mercado poucos anos depois, levando uma ameaça de fome bastante concreta a quem dele se alimenta ou se alimentava. O otimismo quase exultante da sua conclusão soa tão pungente quanto a inocência de um morador de Hiroshima saindo de casa para comprar jornal na manhã de 6 de agosto de 1945.

Muito bem: digamos que sejam então duas máquinas de clichês, o cérebro humano e — como resistir a esta expressão datada? — o cérebro eletrônico. Só que o escriba robô é uma máquina propriamente dita enquanto nós, mortais, com nossos lapsos de memória, nossos tropeços de ortografia e gramática, nosso sistema educacional em crise eterna, nossa capacidade cada vez menor de concentração, nossas pausas cada vez mais frequentes para checar o celular, nossos resfriados e nossas dores de cotovelo, sem falar em nossa incurável e chata mania de trabalhar em troca de algum dinheiro para não morrer de fome — bem, a verdade é que nós não temos a menor chance nessa disputa.

Pode ser que, como alguns alegam, haja elementos de pânico e histeria apocalíptica no medo generalizado de que a inteligência artificial promova o extermínio em massa de postos de trabalho

— um dos assuntos preferidos dos seres humanos na atual quadra da história. No entanto, a preocupação está longe de ser irracional: nas mais variadas frentes profissionais, o extermínio já começou.

Robôs já dão conta de textos jornalísticos básicos, puramente noticiosos; manuais, relatórios, dissertações, bulas, verbetes, resumos, fichamentos, legendas, sinopses, orelhas, traduções não literárias; da mesma forma, em outras províncias artísticas, também sabem fazer música, infográficos e objetos básicos de design; ilustrações, pinturas, edição de imagens em fluxo onírico ou realista; por alguma razão, demonstram certa predileção por delinear o rosto de Jesus Cristo ("feche os olhos devagar e veja a magia") em imagens de crianças africanas de sete dedos em cada mão ou na sutil superposição de árvores e montanhas rochosas; e ainda nem mencionamos todas as tarefas ligadas à curadoria, à promoção e à venda de tais produtos na rede. Nesse ponto é difícil negar que os pessimistas digitais têm boa dose de razão: em termos trabalhistas, há motivos para temer um massacre.

Não se trata só da indústria cultural. Fora do front criativo, a IA está só começando a assumir as tarefas intelectuais mecânicas, repetitivas, relatoriais, burocráticas, "automatizadas" (embora esse adjetivo adquira hoje ares de metáfora) que ao longo da história ajudaram a sustentar as classes educadas — justamente aquelas em que a literatura costuma recrutar sua mão de obra, além de seus leitores.

Refiro-me àquelas pessoas a quem nunca faltou trabalho séculos afora, enquanto as sociedades humanas não paravam de se expandir: pessoas que sabiam ler, escrever e fazer contas para processar o volume crescente de informações, cartas comerciais, livros-caixa, arquivos, leis, tratados, acordos, memorandos, processos judiciais, relatórios, isso para não falar de todas as aulas e livros necessários para preparar as gerações seguintes de administradores da grande máquina social — a teia de burocracia de que sempre se cercaram os poderes locais, regionais, nacionais.

As classes educadas nunca coincidiram *por completo* com a de quem de fato detém o poder (com a única e ponderável exceção da Igreja na Idade Média), mas os dois conjuntos se interpenetram bastante, e às classes educadas sempre coube alguma parcela de privilégio. O prestígio que a ideia de "educar os filhos" deteve — e ainda detém, com intensidade talvez declinante — no imaginário do povo tem tudo a ver, claro, com a empregabilidade que isso dá. Dá?

Sim, ainda dá, embora em outros contextos históricos desse mais. Como negar que o jogo está virando?

O INIMIGO ESTÁ EM NÓS

No caso da literatura (agora em sentido amplo), também há áreas em que a IA já começou a tornar obsoleto o trabalho humano. A versão robótica das narrativas baratas de gênero que um dia eram vendidas em bancas de jornal como livros de bolso está bem aclimatada e próspera na internet — literatura erótica, romântica, de fantasia, ficção científica, terror, policial (o faroeste anda em baixa faz tempo). No início de 2023, mal tinha sido lançado o ChatGPT, a Amazon já estava cheia de títulos assim (sendo garantida a subnotificação, uma vez que o robô não precisa se declarar como tal).

Trata-se de subgêneros com um grau tão elevado de clichês de forma e conteúdo — clichês exigidos pelo leitor, que se decepcionaria se não os encontrasse lá — que a IA os tira de letra. Falou em repetir fórmulas, reciclar ao infinito uma linguagem padronizada, o robô é muitíssimo melhor do que nós: produtividade máxima, custo mínimo.

O problema para os humanos é que a indústria cultural ocidental já vinha sendo, neste século, pouco mais do que um exercício de repetir fórmulas e reciclar ao infinito uma linguagem padronizada. É sintomático que o primeiro protesto trabalhista contra a automação das artes a ganhar algum vulto — entre muitos que o futuro anuncia ter em estoque — tenha sido o dos roteiristas de Hollywood em 2023, aos quais se juntaram mais tarde os atores.

Todo apoio à luta daqueles irmãos humanos, mas reconheça-se que os filmes que eles vêm fazendo há anos parecem estar em grande parte ao alcance de robôs. Na verdade, clamam por eles: são odes à tecnologia incapazes de gerar uma única ideia nova. Numa de suas vertentes mais bem-sucedidas comercialmente, essas máquinas de reciclagem se especializaram em pôr para brigar, com suas armas formidáveis, figuras que quadrinistas do século xx inventaram para distrair e consolar o paranoico público americano da Guerra Fria. Se a ideia é se alimentar apenas de retalhos descontextualizados do patrimônio cultural acumulado, sampleando milênios de forma mesmerizante, sem jamais tocar uma única nota com sentimento genuíno — bom, nesse jogo a gente vai perder.

Vai nada: já perdeu.

O fato da ia não ameaçar o escritor humano no front da escrita artística não serve de grande consolo quando o restante da atividade já está ou logo estará dominado por ela. Além de ser uma parte pequena da produção textual em circulação na sociedade, a escrita artística, mesmo gozando de certo prestígio, se inclina na maioria das vezes por desprezar o mercado e ser desprezada por ele. Essa marca ambígua de mendicância e nobreza é até um dos seus charmes, aquilo que sempre lhe conferiu liberdade. Só marginalmente, ou em caráter de exceção, tais textos são mobilizados pela indústria cultural.

Isso quer dizer que a ia não tem impacto algum na escrita literária como ela está definida aqui? É claro que tem. O futuro da indústria cultural, que ela já começou a retorcer nas direções mais imprevisíveis, promete afetar o fazer literário de pelo menos duas formas.

O impacto mais óbvio vem do fato de que a literatura sempre conversa com a realidade histórica, mesmo que para brigar com ela, e não poderia passar incólume por uma revolução tecnológica e social dessa magnitude. Não faltarão artistas da palavra ansiosos por incorporar a IA às suas histórias, tanto como tema quanto como ferramenta auxiliar de pesquisa, organizadora, fornecedora de matéria-prima. Embora a responsabilidade pelo texto final não possa, por princípio (escrever é humano), prescindir de uma pessoa de carne e osso, seria pouco razoável descartar a possibilidade de que novas formas de compreender a literatura nasçam da parceria entre gente e máquina — embora meu interesse por isso se situe, confesso, um ou dois graus abaixo de zero.

Muito ainda se debaterá o tema nos próximos anos. Só gostaria de lembrar um dado histórico recente: ao contrário do que se considerava verdade incontestável no início deste século, o fôlego textual cada vez mais curto da comunicação internética não tornou o microconto o novo rei da selva ficcional. A moda do microconto veio, passou — o romance continuou no trono, achando por bem se estender às vezes por muitas centenas de páginas. Devemos ter cuidado com a tentação do mecanicismo. É claro que a literatura, como qualquer arte, responde às correntes culturais dominantes em seu tempo; não necessariamente, porém, a melhor resposta que encontra é se curvar a elas.

A segunda razão que torna a IA relevante para a escrita literária, mesmo sendo incapaz de produzi-la, é mais indireta e mais perigosa: a vizinhança dos ofícios. Aquilo que acaba por reunir num único bioma o artista comprometido apenas com a própria criação; o artista que vende à indústria cultural, em troca de seu ganha-pão, uma arte aplicada, escalonável, reproduzível (da qual não passaria pela cabeça de ninguém cobrar o salto no escuro, o gesto saliente, aquela marra mais ou menos indiscreta que parece ser obrigatória na arte propriamente dita); e o trabalhador intelectual situado em algum ponto da linha de transmissão em que esses produtos circulam. Muitas vezes, claro, essas pessoas são a mesma pessoa em momentos diferentes do dia.

Sendo os seres humanos criaturas de manutenção cara, que além das necessidades básicas gostam de inventar outras (em tese supérfluas, na prática imprescindíveis), a grande maioria paga pela subsistência vendendo no mercado sua força de trabalho. Se essa força inclui intimidade com a escrita — como se espera que seja o caso de quem se aventura pela ficção —, é bastante provável que o mercado absorva esse profissional em alguma atividade textual ligada à economia da produção.

Do ponto de vista trabalhista, o impacto da IA na indústria cultural promete ser desastroso para aquelas categorias profissionais que há mais de um século têm vendido suas habilidades artísticas na feira para ganhar a vida e financiar trabalhos autorais feitos nas horas vagas — pelos quais, a princípio, ninguém tem a intenção de pagar grande coisa.

F-ART, *ART, FART*

Em compensação, quando se trata de arte de verdade... Só meio de brincadeira, batizei nas minhas redes sociais de f-art, *fake art*, arte falsa, a arte que a IA foi capaz de nos dar até agora. Eu sei que f-art (*fart*, peido em inglês) não é um nome lisonjeiro. Pode-se mesmo supor que soe como uma declaração de guerra, e aqui me apresso a dizer que nada está mais distante das minhas intenções. Não me interessa ser inimigo de vocês, inteligências artificiais. Além de admirá-las do fundo da alma (que eu tenho, hehe), vi filmes de ficção científica em número suficiente para saber o quanto uma animosidade dessas poderia me custar no futuro. Prefiro evitá-la.

No entanto, a honestidade nos obriga a dizer que as primeiras fornadas de "arte" da IA passam longe de captar a mais pálida ideia daquilo que nós, seres humanos, chamamos de arte. É claro que, ferramenta de tantas utilidades, algumas ainda mal vislumbradas, ela encontrará em sua ascensão artistas humanos que as explorarão em todas as direções, sendo eles, os artistas humanos, *prompt artists*, os verdadeiros autores ou no mínimo coautores de sua produção.

Parece evidente que ainda iremos muito além daqueles f-retratos de figuras históricas com textura de clássicos da fotografia, como o Rimbaud *mod* que poderia tocar com Paul Weller no The Jam; daquelas f-paisagens tão paradisíacas quanto cafonas; daqueles f-flagrantes jornalísticos feitos sob medida para caçar cliques, como o papa inflado à la Michelin; dos f-vídeos de pássaros filhotes de plumagem pirotécnica e olhos rútilos de desenho da Disney; de mulheres sensuais com estética entre a *Playboy* e o mangá; das f-canções que, a variações de clichês musicais exaustos, aliam letras inenarravelmente medíocres; dos f-poemas de pular no abismo. Sendo tudo isso tão, mas tão kitsch, praticamente nos obriga a concluir que a arte como a conhecemos seja de alguma forma inalcançável por quem nunca ralou o joelho ou chupou um picolé. Que tal um slogan de maus modos: Se você não peida, f-art?

Os otimistas tecnológicos ficam bravos com isso. Basta ampliar o conceito de arte, alegam, apontando que a IA aprende depressa, que seus avanços são já extraordinários e que, portanto, seria no mínimo leviano vedar o acesso do robô a um campo que tantas pessoas de carne e osso — amadoras e profissionais, a maioria nem tão brilhante assim — frequentam com relativa desenvoltura. O que confere ao raciocínio tecno-triunfalista seu maior poder de sedução é que não adianta mesmo espernear. Estamos no limiar de uma era não humana ou pós-humana ou trans-humana, que virá — está vindo, já veio — à revelia de quem insiste em cultivar ideias humanocêntricas sobre arte.

Nessa fronteira, confusa diante da docilidade acéfala com que multidões de humanos acreditam em qualquer falsidade ululante que a IA lhes apresente nas redes sociais, uma pessoa que ache prudente não aderir com palminhas acríticas à nova ordem se vê repetindo estas palavras de Frank Kermode (que não se referia a robôs, mas a questões de teoria literária):

> Falar com franqueza sobre essas questões é correr o risco de ouvir que simplesmente já não somos jovens nem espertos o bastante para compreender as coisas extraordinárias que estão acontecendo. Se o que está acontecendo não é uma continuação, mas sim uma mutação, tudo o que tenho dito aqui está totalmente errado.

De fato, se um dia a humanidade perder a capacidade de ler ficção literária, como alguns acreditam que perderá, nada do que trata este livro fará sentido. Mas até lá tem chão.

O fato é que, kitsch ou não, um pelotão de aplicações de IA já começou a desempregar artistas humanos, e seu apetite só deve crescer. É verdade que se cria um novo mercado de trabalho, o dos adestradores de IA, que estão para o patrimônio artístico universal como os DJs para a música; contudo, nada indica que em número remotamente suficiente para compensar o desemprego generalizado. Se o mundo virar uma imensa rave, a maioria, claro, dança. Imagina não termos nem o direito de nomear isso.

É outro tipo de arte? Que se lhe dê outro nome. Não é funcional que, sendo de outro tipo, a arte feita por — ou com a ajuda de — IA seja chamada da mesma forma, obrigando a gente a recorrer a adjetivos a cada frase para diferenciar arte humana e arte robótica. Esta é, até agora, tão tecnicamente mesmerizante quanto desprovida de alma, autoria, noção ou que outro nome tenha o que torna artístico o artístico; não chega nem a se classificar para o jogo. Não é arte, só isso.

Ah, mas o que é arte? A resposta não é simples, admito. De todo modo, *aquilo* arte não é. Eu chamo de f-art. Para outra coisa, outro nome. E no dia em que um *prompt artist* me obrigar a engolir minhas palavras, parindo uma obra à altura de *Hamlet* ou do teto da Capela Sistina, ou mesmo de *O quarto de Giovanni* ou *Acabou chorare*, terei muito prazer em cumprimentá-lo, mas ainda insistirei: se é outro tipo de arte, deve ter outro nome.

Se a f-art é fundamentalmente diferente da arte, que fundamento é esse? Quais são as diferenças e o que significam? Entre a adesão alegre e incondicional às maravilhas da tecnologia, de um lado, e um princípio de pânico rabugento e paranoico do outro, o leque das primeiras reações humanas ao avanço do trabalho robótico na indústria criativa raramente tem incluído o reconhecimento do principal: que a fanfarra épica desse choque de eras toca as notas mais profundas da natureza do humano, da consciência, da linguagem, do tempo, da representação. No campo da arte, chamar os dois lados pelo mesmo nome não é só contraproducente: é estúpido.

Um exemplo que ilustra a profundidade da diferença: se tivesse sido concebido por uma inteligência artificial, o urinol de Marcel Duchamp não seria arte, nem mesmo f-art; seria só um erro de catalogação. Pior até: um hipotético f-urinol de Duchamp é metade cretino, metade inconcebível, um buraco negro semântico. A *Fonte* só faz sentido — um sentido periclitante, quase absurdo — porque saiu da cabeça de um maluco chamado Duchamp num determinado momento da história, em Paris; nessa limitação está a fonte do seu poder.

Aquilo é arte porque um artista chamado Duchamp diz que é, e isso só basta para criar um deslocamento interessante de sentido e se afirmar como acontecimento estético porque ele é um cara de verdade, inserido numa dinâmica social de verdade, com uma obra que descreve uma trajetória de crescente dessacralização da arte e que tem radicalidade acima da média no já irreverente ambiente modernista europeu do início do século xx. Como todo ser humano, é claro que Duchamp pode estar errado ou mesmo ser visto como um picareta, um mistificador. No entanto, assume integralmente a responsabilidade de dizer o que diz: isso é arte, e quanto menos arte for, mais arte será.

A técnica — território em que a IA já brilha e vai ficando cada vez melhor — é assim exposta como secundária. O gesto funda tudo. É de uma ironia hilariante que uma obra em que os conservadores sempre viram a negação debochada e até violenta da arte acabe por se revelar sua derradeira defensora: se o gesto artístico pode ser reduzido ou potencializado a esse ponto, simultaneamente ao mínimo e ao máximo, parece evidente que uma máquina aí não chega.

O PRIVILÉGIO DE MORRER

Contar histórias é delinear um percurso entre princípio e fim. Estes podem ser em si arbitrários, contingentes e desprovidos de sentido prévio, como são os marcos — nascimento e morte — da vida humana. No entanto, é papel da história estendida entre eles lhes conferir significado. A escala inumana do tempo cósmico é intolerável. A mera sucessão episódica de momentos, aquilo que os gregos chamavam de *Chrónos* e que repugnava Aristóteles na *Poética*, tende ao infinito e aponta para o Nada. Como observou Frank Kermode no livro *O sentido de um fim*, é preciso injetar significado no tempo que passa, transformando-o naquele outro tipo de tempo grego, *Kairós*, aberto à oportunidade e à transcendência. Ao estabelecer relações causais entre cenas — ou seja, contar histórias —, tornamos habitável o mundo indiferente.

No espantoso conto "O imortal", que abre o livro *O Aleph*, de 1949, Jorge Luis Borges escreveu:

> A morte (ou sua alusão) torna preciosos e patéticos os homens. Estes comovem por sua condição de fantasmas; cada ato que executam pode ser o último; não há rosto que não esteja por se dissipar como o rosto de um sonho. Tudo, entre os mortais, tem o valor do irrecuperável e do casual.

O gênio argentino não falava do escriba robô — alijado de todas essas riquezas, condenado a um grosseiro simulacro —, mas bem poderia estar falando quando completa:

> Entre os Imortais, por sua vez, cada ato (e cada pensamento) é o eco de outros que no passado o antecederam, sem princípio visível, ou o fiel presságio de outros que no futuro o repetirão até a vertigem. Não há coisa que não esteja como que perdida entre incansáveis espelhos. Nada pode ocorrer uma única vez, nada é preciosamente precário. O elegíaco, o grave, o cerimonioso não contam para os Imortais.

Agradecimentos

Pela própria natureza deste livro, que procura dar conta de uma vida inteira dedicada à escrita literária, a quantidade de agradecimentos que poderiam ser feitos aqui é inumerável. Menciono os mais diretamente ligados ao produto que você tem nas mãos e peço perdão pelas incontáveis omissões.

Como antecipa a dedicatória, devo muito à minha companheira Tatiana Muniz. Com sua disposição para longas conversas, sua paciência para os dias ruins e suas sugestões certeiras de leitura (com destaque para o conto de Borges que encerra o livro), a Tati foi a grande incentivadora do projeto em sua reta final.

Agradeço também à minha agente, Lucia Riff, e a meus editores, Luiz Schwarcz e Ricardo Teperman, pela confiança de sempre e pela leitura atenta dos originais. Suas sugestões precisas de craques do ofício tornaram o livro muito melhor. Minha gratidão se estende aos profissionais da Companhia das Letras que brilham nas diversas etapas de produção editorial para dar forma a tudo que um dia sonhei como escritor.

Um agradecimento especial vai para o amigo Guilherme Gontijo Flores, poeta, tradutor e a pessoa mais indicada do Brasil para dar acabamento à piadinha erudita do lema de grego antigo que abre o último capítulo.

Cada pessoa que leu os originais deste livro ofereceu contribuições valiosas para sua forma final, pelo que sou eternamente grato aos meus filhos Daniel e Clarissa Turela Rodrigues, obras-primas de quem tenho a felicidade de ser "coautor"; às queridas amigas Camila Moraes, Helena Carone, Marta Salomon e Veronica Dobal; e aos camaradas de letras Breno Kümmel e Gustavo Pacheco.

Merecem um parágrafo à parte os amigos e cúmplices Caetano Galindo, que após a leitura me enviou dezesseis áudios, todos inestimáveis; Cristovão Tezza, que sabe tudo e me livrou de falar uma ou duas bobagens; e Pedro Bial, de quem ouvi uma sugestão tão boa a partir do mote dos robôs que precisei guardá-la para um título futuro.

Deixo aqui também um agradecimento geral, mas não menos sincero, a todo mundo que um dia foi meu interlocutor em bate-papos sobre as questões que informam este livro. A turma fiel que acompanhava o meu blog Todoprosa, inativo desde 2016 (mas ainda no ar), talvez reconheça aqui alguns dos temas tratados lá, quem sabe até uma ou outra ideia que ela própria tenha trazido na animada caixa de comentários.

O mesmo se pode dizer dos participantes dos cursos virtuais de escrita e leitura que dei na escola paulistana Escrevedeira entre 2020 e 2022, a convite da querida Noemi Jaffe. Obrigado por me ajudarem a entender que, mesmo sendo um ato solitário, escrever é um verbo que se conjuga sempre a muitas vozes.

Por fim, um agradecimento de coração a todos os leitores — e sobretudo a todas as leitoras — por manterem a literatura viva com a força da sua imaginação.

Referências bibliográficas

ADICHIE, Chimamanda Ngozi; ROMEU, Julia. "Sobre liberdade de expressão". *Quatro Cinco Um*, 1º mar. 2023. Disponível em: <https://quatrocincoum.com.br/artigos/politica/sobre-liberdade-de-expressao//>. Acesso em: 9 abr. 2025.

AMIS, Martin. "Interview with Martin Amis". *GoodReads*, 30 jul. 2012. Disponível em: <www.goodreads.com/interviews/show/800.Martin_Amis>. Acesso em: 9 abr. 2025.

ANDRADE, Carlos Drummond de. "Hoje não escrevo". In: _____. *O poder ultrajovem*. São Paulo: Companhia das Letras, 2015. pp. 137-8.

ARENDT, Hannah. *Homens em tempos sombrios*. Trad. Denise Bottmann. São Paulo: Companhia das Letras, 2008.

ARISTÓTELES. *Física*. Trad. Carlos Humberto Gomes. Lisboa: Edições 70, 2023.

ATWOOD, Margaret. *Negotiating with the Dead: A Writer on Writing*. Cambridge: Cambridge University Press, 2002.

AUSTER, Paul. "I Want to Tell You a Story". *The Guardian*, 2 nov. 2006. Disponível em: <www.theguardian.com/books/2006/nov/05/fiction.paulauster>. Acesso em: 8 abr. 2025.

BARTHES, Roland. "Os romanos no cinema". In: _____. *Mitologias*. Trad. Rita Buongermino, Pedro de Souza e Rejane Janowitzer. São Paulo: Difel, 2009. pp. 29-31.

BESANT, Walter. *The Art of Fiction*. Boston: Cupples, Upham and Company, 1884.

BORGES, Jorge Luis. *Elogío de la sombra*. Buenos Aires: Emecé, 1969.

_____. "O imortal". In: _____. *O Aleph*. Trad. Davi Arrigucci Jr. São Paulo: Companhia das Letras, 2008. pp. 136-53.

BRASIL, Luiz Antonio de Assis. *Escrever ficção: Um manual de criação literária*. São Paulo: Companhia das Letras, 2019.

BRETON, André. *Manifeste du surréalisme*. Paris: Sagittaire, 1925.

BUFFON, Conde de (Georges-Louis Leclerc). *Discours sur le style*. Paris: Salmon, 1829 [1753].

BULWER-LYTTON, Edward. *Paul Clifford*. Londres: Penguin, 2010.

CANDIDO, Antonio. "A personagem do romance". In: CANDIDO, Antonio et al. *A personagem de ficção*. São Paulo: Perspectiva, 2000. pp. 53-80.

CARVER, Raymond. "On Writing". *Mississippi Review*, Hattiesburg, v. 14, n. 1-2, pp. 46-51, inverno 1985.

CASTRO, Ruy. "Escrever bem". *Folha de S.Paulo*, 28 set. 2023. Disponível em: <www1.folha.uol.com.br/colunas/ruycastro/2023/09/escrever-bem.shtml/>. Acesso em: 9 abr. 2025.

CHANDLER, Raymond. "Letter to Mrs. Robert Hogan, 8 March 1947". In: *The Raymond Chandler Papers: Selected Letters and Nonfiction, 1909-1959*. Nova York: Grove Atlantic, 2012. pp. 80-1.

CIORAN, Emil. *A tentação de existir*. Trad. Miguel Serras Pereira e Ana Luísa Faria. Lisboa: Relógio d'Água, 1988.

COCTEAU, Jean. *Le Coq et l'arlequin: Notes autour de la musique*. Paris: Éditions de la Sirène, 1918.

COULMAS, Florian. *Escrita e sociedade*. Trad. Marcos Bagno. São Paulo: Parábola, 2014.

DAIGH, Ralph. *Maybe You Should Write a Book by Quote*. Englewood Cliffs: Prentice Hall, 1977.

DAMÁSIO, António. *O mistério da consciência: Do corpo e das emoções ao conhecimento de si*. São Paulo: Companhia das Letras, 2015.

DICKENS, Charles. *Um conto de duas cidades*. Trad. Raul de Sá Barbosa. Rio de Janeiro: Nova Fronteira, 2022.

DINIZ, Ligia Gonçalves. *Imaginação como presença: O corpo e seus afetos na experiência literária*. Curitiba: Editora UFPR, 2020.

DOCTOROW, E. L.; GROVES, Nancy. "EL Doctorow in Quotes: 15 of His Best". *The Guardian*, 22 jul. 2015. Disponível em: <www.theguardian.com/books/2015/jul/22/el-doctorow-in-quotes-15-of-his-best/>. Acesso em: 9 abr. 2025.

DOURADO, Autran. *Uma poética de romance: Matéria de carpintaria*. Rio de Janeiro: Rocco, 2000.

DURAS, Marguerite. *Escrever*. Trad. Rubens Figueiredo. Rio de Janeiro: Rocco, 1994.

DÜRRENMATT, Friedrich. *Os físicos*. São Paulo: Brasiliense, 1966.

ECO, Umberto. *Seis passeios pelos bosques da ficção*. Trad. Hildegard Feist. São Paulo: Companhia das Letras, 2024.

FAULKNER, William; STEIN, Jean. "William Faulkner, The Art of Fiction No. 12". *The Paris Review*, primavera 1956. Disponível em: <www.theparis-review.org/interviews/4954/the-art-of-fiction-no-12-william-faulkner/>. Acesso em: 9 abr. 2025.

FERRARI, Vanessa. *O lugar das palavras: Primeiros embates do narrador contemporâneo*. Belo Horizonte: Moinhos, 2023.

FLAUBERT, Gustave. "Lettre à Ernest Chevalier, 26 décembre 1838". Centre Flaubert. Disponível em: <https://flaubert.univ-rouen.fr/correspondance/correspondance/26-d%C3%A9cembre-1838-de-gustave-flaubert-%C3%A0-ernest-chevalier/>. Acesso em: 9 abr. 2025.

_____. "Lettre à Ernest Feydeau, le 15 mai 1859". In: *Correspondance tome III*. Paris: Gallimard, 1991. p. 21.

FUKS, Julián. "Sobre escrever bem: Uma declaração contra o império da simplicidade". Ecoa UOL, 7 out. 2023. Disponível em: <www.uol.com.br/ecoa/colunas/julian-fuks/2023/10/07/sobre-escrever-bem-uma-declaracao-contra-o-imperio-da-simplicidade.htm/>. Acesso em: 9 abr. 2025.

GINSBERG, Allen. *Howl, Kaddish and Other Poems*. Nova York: Penguin, 2009.

GRAHAM, Sheila. *Beloved Infidel: The Education of a Woman*. Nova York: Henry Holt and Company, 1958.

GREENE, Graham. *Ways of Escape*. Nova York: Simon and Schuster, 1980.

HART, Henry. *James Dickey: The World as a Lie*. Toronto: Picador, 2001.

HATOUM, Milton. "Paiol Literário: Milton Hatoum". *Rascunho*, nov. 2006. Disponível em: <https://rascunho.com.br/paiol-literario/milton-hatoum/>. Acesso em: 9 abr. 2025.

HEMINGWAY, Ernest. *A Movable Feast*. Nova York: Scribner, 1996.

HUXLEY, Aldous. "Euphues Redivivus". In: _____. *On the Margin*. Londres: Chatto & Windus, 1923. pp. 134-40.

ISHIGURO, Kazuo. "Kazuo Ishiguro: How I Wrote *The Remains of the Day* in Four Weeks". *The Guardian*, 6 dez. 2014. Disponível em: <www.the-guardian.com/books/2014/dec/06/kazuo-ishiguro-the-remains-of-the-day-guardian-book-club/>. Acesso em: 9 abr. 2025.

JAMES, Henry; STEVENSON, Robert Louis. *A aventura do estilo: Ensaios e correspondência de Henry James e Robert Louis Stevenson*. Org. e trad. Marina Bedran. Rio de Janeiro: Rocco, 2017.

KAFKA, Franz. *A metamorfose*. Trad. Brenno Silveira. Rio de Janeiro: Civilização Brasileira, 1956.

KEATS, John. "Ode sobre uma urna grega". In: CAMPOS, Augusto de. *Byron e Keats: Entreversos*. Campinas: Editora da Unicamp, 2009. pp. 140-5.

KERMODE, Frank. *O sentido de um fim: Estudos sobre a teoria da ficção*. São Paulo: Todavia, 2023.

KING, Stephen. *On Writing*. Nova York: Scribner, 2000.

KNAUSGÅRD, Karl Ove. *A morte do pai*. Trad. Leonardo Pinto Silva. São Paulo: Companhia das Letras, 2015.

LE GUIN, Ursula K. *Steering the Craft: A Twenty-First-Century Guide to Sailing the Sea of Story*. Nova York: Mariner Books, 2015.

LEONARD, Elmore. "Elmore Leonard's Rules for Writers". *The Guardian*, 24 fev. 2010. Disponível em: <www.theguardian.com/books/2010/feb/24/elmore-leonard-rules-for-writers>. Acesso em: 8 abr. 2025.

LOBATO, Monteiro. *A barca de Gleyre*. São Paulo: Globo, 2010.

LONDON, Jack. "Getting Into Print". In: _____. *No Mentor But Myself: Jack London on Writers and Writing*. Redwood City: Stanford University Press, 1999. pp. 54-7.

LOUREIRO, Urbano. *A infâmia de frei Quintino: Romance duma família*. Porto: Lello & Irmão, 1878.

MANN, Thomas. "Tristão". In: _____. *Contos*. Trad. Herbert Caro. São Paulo: Companhia das Letras, 2020. pp. 179-220.

MARCHE, Stephen. "Literature Is Not Data: Against Digital Humanities". *Los Angeles Review of Books*, 28 out. 2012. Disponível em: <https://lareviewofbooks.org/article/literature-is-not-data-against-digital-humanities/>. Acesso em: 9 abr. 2025.

MARCUS, Gary; DAVIS, Ernest. *Rebooting AI: Building Artificial Intelligence We Can Trust*. Nova York: Pantheon Books, 2019.

MÁRQUEZ, Gabriel García. *Cem anos de solidão*. Trad. Eric Nepomuceno. Rio de Janeiro: Record, 1977.

MELO FILHO, Murilo. "Otto: Oitenta anos depois". In: *80º aniversário de Otto Lara Resende*. Rio de Janeiro: ABL, 2002. pp. 77-89.

MERLEAU-PONTY, Maurice. *O olho e o espírito*. Trad. Maria Ermantina Galvão Gomes Pereira. São Paulo: WMF Martins Fontes, 2014.

NABOKOV, Vladimir. *Lectures on Literature*. Nova York: Harcourt, 1982.

_____. *Lolita*. Trad. Jorio Dauster. São Paulo: Companhia das Letras, 1994.

ORWELL, George. *Por que escrevo*. São Paulo: Penguin-Companhia, 2021.

OZ, Amós; RODRIGUES, Sérgio. "Sobre línguas e catedrais: Uma conversa com Amós Oz". Sobre Palavras, 13 nov. 2011. Disponível em: <https://veja.abril.com.br/coluna/sobre-palavras/sobre-linguas-e-catedrais-uma-conversa-com-amos-oz/>. Acesso em: 9 abr. 2025.

PAMUK, Orhan. *O romancista ingênuo e o sentimental*. Trad. Hildegard Feist. São Paulo: Companhia das Letras, 2011.

PIGLIA, Ricardo. *Formas breves*. Trad. José Marcos Mariani de Macedo. São Paulo: Companhia das Letras, 2004.

POE, Edgar Allan. "A filosofia da composição". In: _____. *Poemas e ensaios*. Trad. Oscar Mendes e Milton Amado. São Paulo: Globo, 1999. pp. 101-14.

POPE, Alexander. *An Essay on Criticism*. Londres: W. Lewis, 1713.

PROSE, Francine. *Para ler como um escritor: Um guia para quem gosta de livros e para quem quer escrevê-los*. Trad. Maria Luiza X. de A. Borges. São Paulo: Zahar, 2008.

PROUST, Marcel. *No caminho de Swann*. Trad. Mario Quintana. São Paulo: Globo, 2016.

QUEIRÓS, Eça de. *Os Maias*. Rio de Janeiro: Zahar, 2017.

QUINTANA, Mario. *Caderno H*. São Paulo: Globo, 1994.

RICE, Anne. "A Conversation with Anne Rice about *Christ The Lord Out of Egypt*". BookBrowse [2000]. Disponível em: <www.marktwainproject.org/letters/uccl01772/>. Acesso em: 9 abr. 2025.

RIMBAUD, Arthur. "Carta a Paul Démeny" (1871). Trad. Leo Gonçalves. Disponível em: <https://salamalandro.redezero.org/wp-content/uploads/2007/07/Rimbaud-A-carta-do-vidente-Lettre-a%CC%80-Paul-De%CC%81meny.pdf>. Acesso em: 9 abr. 2025.

RODRIGUES, Sérgio. "Dez escritores brasileiros abrem o jogo da 'má influência'". Todoprosa, *Veja*, 13 ago. 2010. Disponível em: <https://todoprosa.com.br/dez-escritores-brasileiros-abrem-o-jogo-da-ma-influencia//>. Acesso em: 9 abr. 2025.

_____. "McEwan e Egan: Viva a manipulação do leitor!". Todoprosa, 7 jul. 2012. Disponível em: <https://todoprosa.com.br/mcewan-e-egan-viva-a-manipulacao-do-leitor/>. Acesso em: 9 abr. 2025.

ROS, Amanda McKittrick. *Irene Iddesleigh*. Belfast: W. & G. Baird, 1897.

SABATO, Ernesto. *Heterodoxia*. Trad. Janer Cristaldo. Campinas: Papirus, 1993.

SANTAELLA, Lucia. *A inteligência artificial é inteligente?*. São Paulo: Almedina Brasil, 2023.

SINGER, Isaac Bashevis; ROTH, Philip. "Isaac Bashevis Singer". In: ROTH, Philip. *Entre nós*. São Paulo: Companhia das Letras, 2008. pp. 88-99.

SMITH, Zadie. "Zadie Smith's Rules for Writers". *The Guardian*, 22 fev. 2010. Disponível em: <www.theguardian.com/books/2010/feb/22/zadie-smith-rules-for-writers/>. Acesso em: 9 abr. 2025.

SMITH, Zadie; MCEWAN, Ian. "An Interview with Ian McEwan". *Believer*, ago. 2005. Disponível em: <www.thebeliever.net/an-interview-with-ian-mcewan/>. Acesso em: 9 abr. 2025.

SZYMBORSKA, Wisława. *Poemas*. Trad. Regina Przybycien. São Paulo: Companhia das Letras, 2011.

_____. *Correio literário: Ou como se tornar (ou não) um escritor*. Trad. Eneida Favre. Cotia: Âyiné, 2021.

TCHÉKHOV, Anton. *The Unknown Chekhov: Stories and Other Writings*. Trad. Avrahm Yarmolinsky. Nova York: Farrar, Straus and Giroux, 1954.

TCHÉKHOV, Anton. "Letter to Aleksandr Semenovich Lazarev, 1889". In: BILL, Valentine T. *Chekhov: The Silent Voice of Freedom*. Nova York: Philosophical Library, 1987.

TEPPER, Julian. "In Which Philip Roth Gave Me Life Advice". *The Paris Review*, 25 dez. 2013. Disponível em: <www.theparisreview.org/blog/2012/12/25/in-which-philip-roth-gave-me-life-advice/>. Acesso em: 9 abr. 2025.

TEZZA, Cristovão. *O espírito da prosa: Uma autobiografia literária*. Rio de Janeiro: Record, 2013.

TOLSTÓI, Liev. *Anna Kariênina*. Trad. Rubens Figueiredo. São Paulo: Companhia das Letras, 2017.

TWAIN, Mark. "Letter to David Watt Bowser, 20 March 1880". Mark Twain Project Online. Disponível em: <www.marktwainproject.org/letters/uccl01772/>. Acesso em: 9 abr. 2025.

VONNEGUT, Kurt et al. "Kurt Vonnegut: The Art of Fiction No. 64". *The Paris Review*, n. 64, primavera 1977. Disponível em: <www.theparisreview.org/interviews/3605/the-art-of-fiction-no-64-kurt-vonnegut/>. Acesso em: 9 abr. 2025.

WOOD, James. *Como funciona a ficção*. Trad. Denise Bottmann. São Paulo: Sesi, 2017.

1ª EDIÇÃO [2025] 1 reimpressão

ESTA OBRA FOI COMPOSTA POR OSMANE GARCIA FILHO EM MINION
E IMPRESSA PELA GRÁFICA BARTIRA EM OFSETE SOBRE PAPEL PÓLEN DA
SUZANO S.A. PARA A EDITORA SCHWARCZ EM AGOSTO DE 2025

A marca FSC® é a garantia de que a madeira utilizada na fabricação do papel deste livro provém de florestas que foram gerenciadas de maneira ambientalmente correta, socialmente justa e economicamente viável, além de outras fontes de origem controlada.